보수우파 집권을 위한 조건

보수우파 집권을 위한 조건
– 탄핵의 굴레를 벗지 않는 한 보수우파의 승리는 없다

2019년 7월 5일 초판 1쇄 펴냄

지은이 / 퍼스트코리아
펴낸이 / 길도형
편집 / 길도형
인쇄 / 우성아트피아
제책 / 우성아트피아
펴낸곳/ 타임라인
출판등록 / 제406-2016-000076호
주소 / 경기도 고양시 일산서구 덕산로 250
전화 / 031-923-8668 팩스/ 031-923-8669
E-mail / jhanulso@hanmail.net

ISBN 978-89-94627-78-6

이 도서의 국립중앙도서관 출판예정도서목록(CIP)은
서지정보유통지원시스템 홈페이지(http://seoji.nl.go.kr)와
국가자료종합목록 구축시스템(http://kolis-net.nl.go.kr)에서
이용하실 수 있습니다. (CIP제어번호 : CIP2019023376)

보수우파 집권을 위한 조건

탄핵의 굴레를 벗지 않는 한 보수우파의 승리는 없다

서문

새누리당은 180석도 가능할 거라던 기대 속에 치러진 2016년 20대 총선에서 122석이라는 결과를 얻으며 더불어민주당의 123석에 밀려 8년 만에 제1당의 지위를 내주는 참패를 당했다. 공천 당시 김무성 당시 당대표와 친박계는 공천 방식을 둘러싸고 첨예한 대립을 했다. 결국 '친박' 대리인 이한구 공천관리위원장이 비박계 의원들을 공천에서 대거 배제했다. 이에 반발한 김 대표가 여섯 군데 지역 공천장에 당인을 찍지 않고 부산으로 가 버리는 한국 정당사상 초유의 사태가 벌어졌다.

새누리당의 공천 과정에서 불거진 유승민 의원 공천 학살과 당대표에 대한 윤상현 의원의 음주 막말은 전 국민의 분노를 샀을 뿐 아니라 전 국민의 웃음거리가 됐다. 선거 과정에서 벌어진 '진박' 이니 '박근혜 대통령의 존영 논란' 도 국민의 마음을 돌리게 만들었다. 새누리당은 총선 참패 후 혁신을 위한 몸부림쳤지만 청와대와 친박은 총선 전과 다를 바 없이 국민의 상식과 동떨어진 탐욕스러운 행동을 계속 이어나갔다.

김용태 의원은 총선이 끝나고 한 달 후 20대 총선 참패 수습을 위한 혁신위원장에 선임됐다. 그러나 친박계의 집단 반발에 김용태 의원은

"새누리당은 국민에게 용서를 구할 수 있는 마지막 기회를 잃었다"며 이틀 만에 사퇴했다. 당시 새누리당 정진석 원내대표는 "이길 수밖에 없다고 믿었던 총선에서 왜 졌는지, 누가 잘못을 했는지, 무엇을 반성하고 고쳐 나가야 하는지 따져 봐야 한다. 총선 패배의 원인을 담은 아주 파격적인 총선 백서를 만들겠다"고 밝혔다.

총선 패배 이후 석 달여 만에 나온 '백서'는 총선 패배의 원인으로 계파 갈등과 막장 공천을 지적했지만, 가장 기대했던 '누구의 잘못'을 밝혀 내지 못하고 친박도 비박도 잘못, 새누리당도 청와대도 잘못했다는 '우리 모두의 잘못'이라는 원론적인 결론을 내렸다.

박근혜 대통령이 총선을 앞두고 국무회의에서 "진실한 사람을 뽑아 달라"에서 촉발된 진박 논쟁이 계파 갈등을 일으키며 총선 대참패의 원인으로 작용했는데 '정권을 잃어도 좋다, 뜻 맞는 사람끼리 가자'는 박근혜 대통령과 친박들의 탐욕스런 판단이었다.

20대 총선 참패 후 치러진 2016년 8월 전당대회에서 새누리당은 친박 핵심 이정현 의원을 당대표로 선출했다. 김무성 당대표와는 전화 한 통 하지 않던 박근혜 대통령은 새로 선출된 이정현 새누리당 대표와 최고위원 등 당 지도부를 초청해 능성어 요리를 비롯해 송로버섯, 샥스핀 찜, 바다가재와 훈제연어, 캐비어, 한우갈비 등으로 준비된 '초호화' 오찬을 대접했다.

그러나 박근혜 대통령과 친박들의 기쁨은 잠시였다. 바로 '우병우사태' 논란으로 우군인 조선일보와 혈투를 벌였고, 2016년 9월 들어서는

'K스포츠재단에 최태민 목사의 다섯째 딸 최순실 씨가 개입했다' 는 보도가 나오면서 청와대와 새누리당은 혼돈에 빠져들기 시작했다.

결국 2016년 10월 24일 JTBC가 최순실의 대통령 연설문 수정 사실이 담긴 태블릿PC를 입수해 폭로하면서 박근혜 대통령 탄핵의 길로 들어섰다. 박근혜 대통령은 2016년 12월9일 국회가 추진한 탄핵 소추안 표결에서 총 투표수 299표 중, 가可 234표, 부否 56표, 기권 2표, 무효 7표로 탄핵을 소추 당했다. 새누리당도 약 60여 명의 의원이 탄핵소추에 찬성한 것이다. 결국 박근혜 대통령은 2017년 3월 10일 오전 11시 헌법재판관 8명 전원의 일치된 의견으로 대한민국 헌정사상 최초로 파면되는 대통령이 되고 말았다.

그 여파는 보수분열을 가져오며 박근혜를 대통령으로 만든 자유한국당이 2017년 19대 대선에서 정권을 잃는 참화와 2018년 6월 지방선거에서 대패하는 결과를 낳았다. '보수폭망' 의 당사자인 자유한국당은 2016년 4.13총선에서 불거진 친박의 탐욕스러운 공천으로 인해 보수지지층이 이탈했음에도 아직도 성찰도 반성도 없다. 그저 모든 것을 잊고 미래로 가자는 이야기만 하고 있다.

박근혜 대통령의 탄핵 문제로 탈당한 바른미래당 내 자유한국당 출신 의원들도 존재감이 없다. 국민들에 눈에 그들은 탄핵이 보수혁신과 새로운 정당문화 풍토 조성의 주인공이 될 것이라 생각했는데 권력투쟁만 일삼는 부류로 생각하고 있다.

자유한국당은 2019년 2월말 황교안 당대표 체제가 새로 출범했다. 하지만 내년 총선 승리만을 위한 보수 결집을 위해 일부 보수층만이 좋아하는 슬로건만을 내세우고 있다. 그러니 떠난 중도보수층을 흡수하지 못하고 있다.

자유한국당은 경제와 외교안보 등 문재인정권의 연이은 실정에도 제대로 반사이익을 누리지 못하고 있다. 과거와 같으면 지지율이 한번에 5% 오르고 10% 오르고 했을 텐데, 각 여론조사 기관들의 조사를 보면 평균 25% 내외를 유지하고 있다. 19대 대선에서 자유한국당 홍준표 후보가 얻은 24% 득표율과 2018년 지방선거에서 얻은 광역의원 비례대표 정당득표율 27%에서벗어나지 못하고 있는 것이다. 지금 정치 상황을 보면 보수가 망한 것이 아니라 보수정당이 망한 것이라 할 수 있다.

2012년 대선 박근혜 후보 득표율 51.6%, 문재인 후보 득표율 48%로 박근혜 후보가 약 3.6% 차이로 승리했다. 2017년 대선에서는 홍준표 후보 득표율 24%, 유승민 후보 득표율 6.8%, 안철수 후보 득표율 21.4% 보수정당 후보들 합계가 52.2%다. 2012년 대선과 비교해 보면 보수층은 되레 0.6% 증가했음을 알 수 있다.

여권은 문재인 후보가 41.1%, 심상정 후보가 6.2% 합계가 47.3%로 2012년보다 진보층이 되레 0.7% 감소했다. 보수층은 증가하고 진보층은 감소했는데 왜 지난 2017년 대선과 2018년지방선거에서 참패했을까?

박근혜 대통령 탄핵으로 보수가 자유한국당, 바른미래당으로 바른미래당에서도 유승민계 안철수계로 사분오열되었고, 이 당 저당도 싫어 관망하는 무당층이 약 15% 존재한다. 바른미래당은 박근혜 전 대통령 탄핵을 주도한 세력이지만, 탄핵 이후 보수층이 신뢰할 만한 가치와 정책 등을 내놓지 못하고 있다. 보수정당의 적자라고 생각하는 자유한국당이 정국을 주도하지 못하고 있는 것은 박근혜 대통령 탄핵에 대해 명확한 정리를 하지 못하고 있고 탄핵을 수용하지 않으려 하기 때문이다.

자유한국당이 부활하려면 박근혜 대통령 탄핵을 인정하고 2016년 총선에서부터 시작된 잘못된 정치 행위에 대해 철저한 반성부터 선행해야 한다. 반성의 결과물은 두 말 할 것 없이 인적 쇄신이다. 박근혜정권을 망친 장본인들이 보수정당의 대표성을 갖고 있는 한 자유한국당 부활은 어렵다. 박근혜정권하에서 영화를 누린 사람들이 혁신과 쇄신을 주도해서는 국민들의 신뢰를 얻지 못한다. 무능했던 박근혜정권으로부터 자유로운 사람들이 보수 부활과 혁신의 주체가 되고 대한민국호 항해의 키를 잡아야 한다.

바른미래당이 보수정당의 중심이 되려면 보수의 가치 구현에 대해 명확히 해야 한다. '따뜻한 보수' 니 '개혁적 보수' 니 이런 말은 북한과 대립하고 있는 현 상황에서는 국민들에게 공감을 얻지 못한다. 국가안보에 있어서는 수구적이니 혁신적이나 말들은 다 공염불일 뿐이다. 그 연장 선상에서 문재인정권의 실정을 과감히 파헤치고 투쟁해야 한다. 그래야 탄핵 주도세력으로서의 진정성과 정당성을 인정받을 수 있다.

결론적으로 박근혜 대통령 탄핵을 수용하고 반성하며 국민들에게 희망을 줄 새로운 '헤쳐모여 식' 보수정당의 출현이 필요하다. 그 중심이 자유한국당이 될 수도 있고, 바른미래당이 될 수 있다. 그 둘을 뛰어넘는 보수정당의 가능성도 배제하지 말아야 한다. 또한 자유한국당과 바른미래당 등 보수정당들이 보수의 가치와 혁신의 방법을 갖고 경쟁함으로써 국민에게 심판받는 것도 한 방법이다. 보수정당의 경쟁도 통합도 새로운 방법이 필요하다. 새로움은 방황하는 보수층에게 총선 승리와 정권 창출이라는 기대를 충족시켜 줄 것이다.

이 책이 나오기까지 좌파세력의 촛불탄핵 책동에 분연히 맞서 싸운 보수우파 동지들의 처절한 자기비판과 반성이 그 밑거름이 됐다. 보수우파는 좌파 촛불세력과의 전쟁에서 진 것이다.

1987년 직선제로의 개헌이라는 '87체제' 의 성립 이후, 우파는 한 세대 30년 세월을 이승만–박정희–전두환 리더십으로 구축한 대한민국의 정체성과 그 정체성을 강화시켜 준 고도산업사회라는 성과물을 단지 소비만 하며 안주해 왔다. 그러는 사이에 좌파세력은 꾸준히 준비하며 자신들의 지평을 확장해 왔다. 그 준비와 확장은 '세월호사태' 와 '촛불난동' 으로 극적이 전기를 마련했고, 결국은 '대통령 탄핵' 이라는 대한민국 헌정사 초유의 폭거를 불러왔다.

대한민국 보수우파는 그 폭거에 맞서 싸웠지만 역부족이었다. 역부족이었을 뿐 아니라 보수우파가 만든 대통령들은 자신들의 무기력과 무능력을 좌파들에게 지분을 양보하는 식의 임기응변으로 대응하다 탄핵 당한 역사의 패배자 이전에 보수우파의 배신자다.

이 책은 그런 패배와 실패에 대한 처절한 성찰을 통한 보수우파의 새로운 동력을 모으고 비전을 제시함으로써 보수우파의 2020년 총선승리와 2021년 대선승리를 약속하기 위한 전략과 결의의 집약물이다. 뜻있는 보수우파 시민들의 일독을 권한다.

이 책은 퍼스트코리아 공동대표단으로 활동하고 있는 각계 전문가와 인터넷 논객들이 사안별, 분야별로 나누어 집필한 글들을 취합해서 엮었다. 따라서 편저자가 '퍼스트코리아' 다. 퍼스트코리아는 특정정당과는 무관한 순수한 보수우파 시민단체며, 그런 만큼 현실 정치 참여를 염두에 둔 베이스 역할과도 거리가 멀다. 퍼스트코리아는 오직 '탄핵' 으로 만신창이가 된 보수우파 정치의 부활을 위한 대안 마련과 비전 제시를 목표로 한다. 그 바탕에는 대한민국의 국체 수호와 번영을 위해 치열하게 고민하고 싸워 온 오피니언 리더들의 순수한 열정이 있을 뿐이다.

이 책이 나오기까지 함께 머리를 맞대 지혜를 모으고 전략을 구상하며 광화문거리에서 함께 투쟁해 온 동지들의 노고와 헌신이 절대적 힘이 되어 주었다. 고성혁 《미래한국》 전문기자와 주동식 《제3의 길》 주간, 한정석 《미래한국》 편집위원, 최성환 《빅픽처》 대표, 김민상 · 정재훈 칼럼니스트께 진심으로 감사드린다. 이 책의 편집과 디자인, 발행에 이르기까지 애써 주신 길도형 대표께도 감사드린다.

2019년 6월

《푸른한국닷컴》 대표 전영준 배상

차례

제3부 최순실사태는박근혜사태다 77

제4부 박근혜대통령, 지위를 지키지 못한 죄인 105

제1부

채동욱, 박근혜정권에 이식된 호남권력의 에일리언

보스 죽인 채동욱을 검찰총장에 임명하다

전영준

박근혜 대통령은 2013년 3월 15일 검찰총장, 국세청장, 경찰청장 등 권력기관 후보자 외 15개 외청장을 임명했다. 가장 관심을 모았던 인사는 장관급인 검찰총장에 '특별수사통' 채동욱 서울고검 검사장 임명이었다.

당시 윤창중 청와대 대변인은 채동욱 검찰총장 인선 배경의 이유로 "채 후보자는 서울 출생이지만 아버지가 5대 종손이고 선산이 전북 군산에 있다"며 호남 출신이라는 점을 부각시켰다. 사실상 거듭되는 박근혜정부의 장관급 인사의 낙마로 인해 검찰총장에 호남 출신을 임명함으로써 무사히 인사청문회를 마치려는, 야당인 민주당에 보내는 러브콜이었다.

박지원 의원은 전직 검찰총장들에 대해서는 눈을 부라리며 의혹을 폭로하려고 했지만, 채동욱 검찰총장 후보자에 대해서는 입에 침이 마르도록 칭찬했다. 박지원 의원은 2013년 4월 2일 채동욱 검찰총장 후보자 인사청문회에서 "채 후보자는 이명박, 박근혜정부 인사에 어울리지 않는 그런 도덕성을 갖고 있다"고 극찬했다.

박근혜 대통령 취임을 앞두고 당시 검찰 출신 인사들은 채동욱 검찰총장의 사생활을 알고 있었는지 채동욱만큼은 검찰총장에 안 된다고 박근혜 전 대통령 측에 조언했던 것으로 알려졌다.

그러나 박근혜 대통령은 채동욱 검찰총장 임명을 강행했다. 채동욱 검찰총장 임명에 결정적 역할을 한 사람은 대통령직인수위에서 정무팀장을 맡고 있었던 이정현 전 새누리당 대표인 것으로 알려졌다. 박지원 의원에게 "충성, 충성, 충성. 장관님 사랑합니다, 충성!"이라고 아부를 떤 박근혜 대통령 측근 이정현 전 대표는 혼외자를 두어 검찰총장직에서 중도에 낙마한 채동욱 검찰총장을 민주당은 '파도남(파도파도 미담만 나온다)'이라고 칭송했다.

그래서 당시 새누리당과 보수 진영은 채동욱 검찰총장을 민주당 등 야권에서 임명한 '야당 검찰총장'이라고 비아냥거렸다.

채동욱 검찰총장은 연수원 14기 대표 주자로 론스타의 외환은행 헐값 매각 의혹 수사 등 세간의 관심을 끈 대형 사건의 수사 경험이 풍부한 것으로 알려졌다. 그는 자상하고 겸손한 성품에 부드러운 인상이지만, 분석력과 상황 판단력이 탁월하다는 평가를 받아왔으며 선이 굵어 검찰 조직 내 신망도 두터운 것으로 평가를 받았다.

그러나 채동욱 검찰총장이 이런 인물평 속에서도 조직 기강이 흐트러진 국가 공권력의 상징인 검찰을 위기 속에서 구출해 낼 역할을 해낼 수 있는지는 그간 행적을 볼 때 회의적이었다.

2012년 말 정권 초 같으면 상상도 할 수 없는 하극상이 검사의 성추행 사건과 중수부 폐지 등 검찰 개혁 등이 불거지면서 엄격한 상명하복을 지향하는 검찰에서 발생했다. 당시 한상대 검찰총장은 중수부 폐지 등을 놓고 최재경 중수부장과 심각한 갈등을 겪는 상황을 연출하면서 결국 후배들에게 쫓겨나다시피 중도 사퇴했다. 한상대 검찰총장의 불명예 퇴진에 결정적인 역할을 한 인물은 최재경 중수부장이었지만, 특수통의 좌장이었던 채동욱 대검 차장도 한몫했다.

자신의 최측근이자 검찰 수사의 상징인 특수수사의 야전사령관 격인 최 중수부장과 '총구'를 겨누어 전례를 찾아볼 수 없을 정도로 볼썽사나운 모양새가 연출됐다.

당시 검찰 내분은 정권 말 진공 상태에서 다음 정권에서의 입지를 확보하려는 후배들의 역모와 미래 정권 세력들이 검찰을 장악하려는 의도로 국민들에게는 비쳐졌다.

검찰 내분은 한상대 검찰총장이 2012년 11월 28일 핵심 참모이자 특수수사 사령탑인 최재경 대검 중수부장에 대한 전격 감찰을 지시하자 최 부장이 정면 반발하면서 시작되었다. 그러자 대검 차장이던 채 내정자는 대검 간부들과 함께 한상대 총장에게 자진 사퇴를 권고했다.

2012년 11월 29일 채동욱 당시 대검 차장은 측근을 통해 "대검 과장과 연구관들도 잇따라 사퇴를 건의할 계획이며 한 총장이 12시까지 용퇴를 밝히지 않으면 서울중앙지검 부장검사들도 총장을 찾아 사퇴를 권유할 것"이라고 밝혔다.

동반 사퇴해야 할 동반자가 모든 것을 조직의 수장에게 책임을 전가

하며 수장의 목을 치는 데 후배들과 같이했다는 것은 상명하복의 검찰 조직에서 있을 수 없는 하극상이었다. 이에 채동욱 검찰총장 내정자는 "당시의 충돌은 긴급 피난이었다. 나도 어쩔 수 없는 대세였다"는 입장을 밝혔던 것으로 알려졌다.

사람 됨됨이는 어려울 때 진가가 발휘되는 것이다. 잘 나갈 때 호평을 듣는 것은 쉽지만, 어려울 때 경우 있게 처세하는 것은 쉬운 일은 아니다. 그러나 조직의 수장은 쉽지 않은 일을 해낼 능력이 있어야 빛이 난다. 따라서 '나도 어쩔 수 없는 대세였다'는 것은 궤변이다.

보도에 따르면, 2009년 2월 12일 서울 여의도의 한 음식점에서 이귀남 법무차관, 한상대 검찰국장 등 당시 법무부 고위 간부들이 참석한 저녁 자리에서 폭탄주를 돌리던 김경한 법무부 장관이 "법무실장이 이 사안을 제대로 모르고 있었다면 봉고파직감이다"라고 싸늘하게 말했다.

로스쿨생들에게 변호사 시험 자격을 주기 위한 '변호사자격시험법' 개정안이 국회에서 부결된 직후였다. 이날 질책을 받은 법무실장이 채동욱 서울고검장이다.

그 다음날부터 채 실장은 여야 국회의원들을 일일이 만나 죽기 살기로 법안이 통과돼야 하는 이유를 설명했다. 이 과정에서 채동욱 실장은 여당은 물론 민주당 박영선 의원 등 야당 의원들과 친분을 쌓으며 정치권의 후한 평가를 받은 것으로 전해진다.

채 내정자가 당시 정치권의 후한 평가를 받았다는 것은 모종의 정치적 딜을 했다는 것이다. 철저한 실익을 추구하는 정치권이 특히 야권이 반대급부 없이 검찰의 요구를 들어줄리 만무했다고 본다. 민주당은

2010년 지방선거와 2012년 총선을 거치면서 각종 의혹으로 바람 잘 날이 없었다. 그러나 검찰이 야권의 수뇌부를 수사했다는 소리를 듣지 못했다.

채 후보자는 대전고검장으로 재직하던 2010년 '스폰서 검사' 진상조사단장을 맡아 전·현직 검사들을 상대로 조사를 지휘한 바 있다. 인사청문회를 앞두고 민주당 김현 대변인은 "채 후보자는 2010년 스폰서 검사 사건의 진상조사단장을 맡아 사건을 축소 은폐한 사람"이라며 비판했다. 그런 민주당이 채동욱 후보자 보호막이로 돌변했다.

2012년 12월초 검찰 내분 사태의 책임으로 대검 차장에서 서울고검장으로 전보되자 채 후보자는 "(검찰이) 국민 앞에 석고대죄해야 한다"고 했다. 그러나 검찰총장 지명 직후에는 "검찰의 위기 상황에서 총장에 지명돼 막중한 책임감을 느낀다"고 말했다. 이런 정치적 수사修辭와 처세處世에 능숙한 사람에게 검찰의 앞날을 맡겼으니 박근혜정권의 험난한 여정은 예상된 것이다.

불순한 세력들의 선동 왜곡으로 '대세'라는 허명虛名으로 박근혜정권이 위기에 빠졌을 때, 또는 국가의 공권력이 내외우환으로 위협받고 있을 때, 채 내정자는 '어쩔 수 없다'는 이유로 난국을 극복하려 했던 것이다. 한상대 검찰총장은 중수부 폐지 등 검찰 개혁을 시행하려다 채 내정자 등 검찰 후배들의 반대에 부딪혀 조직을 보호하지 못한다는 이유로 중도 사퇴했다.

채동욱 검찰총장은 여야가 상설 특검제를 설치하고 특별감찰관제를 도입하는 대신 대검 중수부를 폐지하기로 한 것에 동의했다. 결국 중수부 폐지 반대는 보스인 한상대 검찰총장을 몰아내는 도구로 사용하고 정작 본인은 민주당의 보호 속에 입신양명을 도모했다.

박근혜 대통령의 탄핵은 혼외자를 두었음에도 민주당으로부터 칭송 받았던 채동욱 검찰총장 임명 때 잉태되었으며, 이정현 전 대표가 박지원 의원에게 '충성' 문자 메시지를 보냈을 때 탄핵은 결정된 것이나 마찬가지였다.

채동욱 – 박지원 커넥션 의혹

한정석

검찰과 국정원이 한 치의 양보도 없이 2012년 대선에서의 '선거 개입' 유무죄를 다투었다. 법원이 이를 어떻게 판단하느냐에 따라 대한민국은 또 한 번 크게 요동칠 수밖에 없는 상황이었다.

문제는 검찰이 국정원의 인터넷 댓글이 부당한 선거 개입이라고 기소하는 과정에서 무언가 석연치 않은 점들이 있다는 사실이다. 그 석연치 않은 점은 다름 아닌 채동욱 검찰총장과 민주당 간의 미묘한 커넥션 의혹 때문이다.

그러한 중심에 당시 민주당의 실세 박지원 의원이 있다. 정우택 새누리당 최고위원은 지난 2013년 9월 24일 채동욱 검찰총장의 혼외아들 의혹과 관련, 박지원 의원이 청와대 개입설을 제기한 데 대해 "박 의원과 채 총장 사이에 커넥션이 있는 게 아닌지 의심된다"고 말했다. 하지만 정우택 의원은 구체적인 의심의 배경은 언급하지 않았다.

얽히고설킨 그들의 관계도

이 문제는 경우에 따라 메가톤급 핵폭발을 일으킬 수도 있었다. 동시에 이 문제는 이명박–민주당–박지원–채동욱–국정원이 서로 얽히고설킨 관계도를 그려 낸다.

하나씩 실마리를 풀어 보기로 하자. 이는 역으로 추적하는 것이 이해하기 쉽다. 당시 민주당은 최근 국정원에 대해 개혁이 아니라 '해체' 에 가까운 법안을 발표했다.

당시는 국정원의 선거 개입 관련 재판이 한창 진행 중이었다. 그렇다면 왜 민주당은 아무런 법적 심판이 나지 않은 국정원 문제에 대해 선거개입을 기정사실화하며 무리한 국정원 개혁을 주장하고 나선 것일까. 민주당이 모두 종북 세력이어서일까. 그렇지는 않을 것이다. 그런 점에서 우리는 이 문제에 숨은 정치적 배경을 살펴볼 필요가 있다.

바로 국정원의 댓글 활동을 '선거개입' 으로 기소하도록 검찰을 지휘한 채동욱 총장과 민주당 간에 얽힌 미묘한 관계가 그것이다. 한 마디로 채동욱 총장이 지난 대선에서 대검 차장의 직위로서 민주당에 무언가 유리한 국면을 만들고자 한 정황이 있고, 지금은 그러했던 자신을 보호하기 위해 '국정원 선거 개입' 이라는 고도의 정치적 플레이를 기획했다는 분석이 가능하기 때문이다. 이를 이해하려면 먼저 지난해 대선 정국의 한 장면을 기억해야 한다.

채동욱은 왜 국정원을 기소했을까

2012년 7월 민주당은 당시 박지원 원내대표의 부산저축은행 뇌물 비리 연루 의혹으로 대단히 어려운 처지에 놓여 있었다. 당시 수사의 책임자는 대검 차장이던 채동욱 검사였다.

박지원 원내대표에 대한 검찰의 소환이 임박하자 민주당 의원들은 필사적으로 검찰 수사에 저항했고, 박범계 의원을 비롯한 민주당 법사위 의원들은 대검찰청을 항의 방문해 채동욱 대검 차장을 압박했다.

당시 채동욱 대검 차장은 항의 방문한 민주당 의원들과 면담 자리에서 "박지원 대표에 대한 수사는 결정된 바 없다"고 이야기했다. 하지만 채동욱 차장의 의지(?)와는 달리 박지원 대표의 검찰 소환이 이뤄졌고, 박 대표는 1차로 검찰에 출두해 인정신문을 받았다. 인정신문이란 본격적인 조사 이전에 본인의 인적 사항 등을 확인하는 것에 불과하다. 그렇지만 이때에도 민주당 의원들은 대검에 몰려가 검찰을 강도 높게 비난했고 이 과정에서 법사위원장인 박영선 민주당 의원이 채동욱 대검차장에게 직접 전화를 걸어 외압을 가했다는 보도가 터져 나왔다. 하지만 그뿐이었다. 채동욱 대검 차장이 맡았던 박지원 대표의 검찰 수사는 더 이상 진전되지 않았다.

그 후 이명박 대통령의 도곡동 사저 처리 문제가 불거졌다. 이로 인해 민주당이 한상대 검찰총장의 사퇴 요구를 강도 높게 요구했을 때 검찰 내부에서 한 총장의 사퇴 여론을 주도했던 이가 바로 채동욱 대검 차장이라는 소문이 검찰 주변에 나돌았다.

그런 상태로 그 해 12월 대통령 선거가 치러졌다. 누가 보더라도 대선을 앞두고 정권 말기를 앞둔 이명박 대통령의 청와대와 미래 권력의 민주당, 그리고 이 과정에서 이해득실을 계산하는 검찰 수뇌부 간에 치열한 셈법이 작동하고 있었다는 것을 알 수 있다.

이러한 분석은 채동욱 총장의 검찰이 왜 국정원 댓글 사건을 공안부가 아닌 특수부, 그것도 운동권 출신이며 좌파 단체인 '사회진보연대'에 후원금을 내기까지 했던 수상한 검사에게 사건을 배정했는지, 그리고 법무부 장관의 반대에도 불구하고 '국정원 선거 개입' 이라는 무리한 기소를 채 총장이 사실상 지휘했는지 이해할 수 있는 관점을 제공한다.

한 마디로 야권의 '선거 무효' 라는 정권 퇴진 투쟁을 염두에 둔 것이 아니냐는 이야기이고 동시에 종북들이 기획한 '광화문 8.15 50만 촛불의거' 계획의 한 축을 채동욱 총장과 그를 지지하는 일부 검찰 세력이 담당하기로 했던 것이 아니었느냐는 의혹이다. 보수 진영에서 '종북 검찰' 주장이 나오는 것도 맹목적인 '종북 딱지 붙이기' 가 아니라 합리적 의심 때문이다.

'호위무사' 채동욱, "내 뿌리는 호남"

채동욱 총장은 스스로 자신을 '내 뿌리는 호남' 이라고 말한 바 있다. 채 총장은 군산에 선산이 있다. 그는 지난 YS정권하에서 전두환 전 대통령을 내란음모죄로 기소해서 유죄를 받게 했던 장본인이다. 그로 인해 채동욱 총장은 검사 시절 이미 검찰 내부에서는 '떼놓은 당상堂上' 에 속했다. 당연히 채동욱을 따르는 세력이 검찰 내에 부인할 수 없는

'한 축' 을 형성했던 것도 사실이다. 채 총장의 세력을 '검찰의 하나회' 라고 비꼬는 비아냥거림이 등장하는 이유도 여기에 있다.

동시에 '호위무사' 를 자처했던 김윤상 검사도 매우 급진적이다. 그는 노무현 정권 초기, '검사들과의 대화' 에 30대 초반의 평검사로 참여해 강금실 법무부 장관을 검사 인사권 독립 문제로 몰아붙여 검찰 내에서 유망주로 떠올랐다.

그런 김윤상 검사는 동기 가운데 가장 선두에 섰고 서울지검 형사8부 부장 검사로서 굵직한 사건들을 처리해 왔다. 그런 김윤상 검사는 법률신문에 정기적인 칼럼을 기고해 왔다. 칼럼에는 시장경제 시스템에 대한 불신이 상당히 엿보인다. 2013년 5월 김윤상 검사는 '머니토피아' 라는 제목의 칼럼에서 이렇게 썼다.

"'김○○제과점' '서초슈퍼' 간판은 골목에서 사라진 지 오래다. 조물주도 예상치 못한 돌연변이 리바이어던이 모든 약자를 집어삼키며 생태계를 파괴하고 있다. (중략) 자본의 말뚝이 공직의 혈맥을 누르며 리모컨 행세까지 하려 든다. (중략) 돈으로도 안 되는 일이 있어야 한다. 그것이 자본제일주의에서 가장 절실한 정의고 그 정의가 가장 철저하게 실현되어야 할 곳이 형사사법이다."

한 마디로 김윤상 검사는 시장경제를 악惡 그 자체로 보는 듯하다. 그런 김윤상이 스스로 호위무사가 되겠다고 한 채동욱 총장은 고검장 시절 우석대 강연에서 도종환의 '담쟁이' 란 시를 주제로 강연을 했다. 담쟁이는 지난 대선 문재인 후보의 펀드 이름이었다.

전두환 전 대통령에게 너무도 가혹했던 박근혜정권

고성혁

박근혜 전 대통령 재임 기간 중 우파 입장에서 이해할 수 없는 일이 몇 있다. 그 중 하나가 전두환 전 대통령에 대한 가혹한 재산 추징 문제다. 박근혜정부에서 첫 번째 검찰총장으로 채동욱이 검찰총장으로 임명되었다. 채동욱 임명은 의외였다. 정권의 복심 역할을 해야 할 검찰총장에 호남 출신 채동욱이 임명되자 우파 내부에서는 말이 많았다.

많은 우파 세력은 이명박정부가 못 한 소위 종북 척결을 박근혜정부가 해주길 바랐다. 채동욱 검찰은 종북 좌파에 대한 엄정한 법적용 대신 엉뚱하게도 전두환 전 대통령에게 부과된 벌금 추징이 나섰다.

2013년 6월, 박근혜 대통령은 취임 후 일명 '전두환 추징법'을 제정했다. 이 법에 따라 가족이나 측근 명의로 숨긴 재산도 추징할 수 있는데다 압수수색도 할 수 있고 시효도 10년으로 늘었다. 박근혜 전 대통령은 2013년 6월 국무회의에서 "과거 10년 이상 쌓여 온 일인데 역대 정부에서 해결을 못 하고 과거 정부들에서 무엇을 했는지 묻고 싶다"고

질타했다.

우파 일부에서는 어리둥절했다. 순서가 바뀌었기 때문이다. 처단해야 할 좌파 세력이 수두룩한데 이미 처벌을 받은 바 있는 전두환 전 대통령에게 또 다시 법적 칼날을 들이댄다는 것은 이해하기 어려운 부분이었다. 그래도 임기 초인데다가 워낙 박근혜정부에 대한 지지가 높은 터라 그에 대해 반론을 제기하는 사람이나 세력은 단 한 곳도 없었다. 박근혜 정부를 비판해야 할 야당조차도 '불구대천지원수' 로 생각하는 전두환 전 대통령에 법적 절차를 밟는다 하니 반대하지 않았다.

결국 2013년 7월 16일 채동욱 검찰은 전두환 전 대통령 자택에 대한 압수수색에 들어갔다. 전두환 전 대통령과 그 가족을 상대로 미납 추징금 '1672억 원' 을 환수하기 위한 절차였다. 17년 만에 본격적으로 나선 환수 작업에 들어간 것이다. 17년 만이라고 하면 김영삼 정권 이후 처음인 것이다. 소위 좌파 정권이라고 불리는 김대중, 노무현 정권도 하지 않은 일이었다.

압수수색은 가혹하리만큼 철저했다. 채동욱 검찰은 혹시 존재할지 모르는 비밀금고 등을 찾기 위해 금속탐지기까지 동원했다. 언론 보도에 따르면 이날 검찰은 전 전 대통령 자택에서 현금 등가물과 고가 미술품 190여 점을 찾아내 압수, 압류한 것으로 알려졌다. 또 장남인 전재국 씨 자택과 전 씨가 운영하는 시공사 등 은닉 자산이 있을 만한 모든 곳까지 수사관을 보내 철두철미한 압수수색을 벌였다.

가택 수색 스케치 기사에 따르면 이날 오전 9시 서울 연희동 전 전 대통령 자택에 들어간 검사와 수사관이 집행문을 내보이고 상황을 설명하자 부인 이순자 여사와 함께 있던 전 전 대통령은 "알겠다"며 순순히 집행에 응한 것으로 알려졌다. 전 전 대통령은 압류가 집행되는 내내 자택을 지켰으며, 압류를 지휘하는 검사에게 "수고가 많다"고 격려하기도 했다고 전해진다.

전두환 전 대통령 자택 수사 관련해서 세간에 알려진 이야기는 '내 전 재산은 29만 원' 이라는 말이다. 그러나 사실 이 말은 소위 '가짜뉴스' 다. 정확한 이야기는 예금 통장 하나를 압수하자 전두환 전 대통령이 '그 통장에는 잔고가 29만 원뿐이다' 라고 말한 것이 팩트다. 그런데 언론에서는 거두절미하고 '전두환, 내 전 재산은 29만 원' 이라고 기사가 나간 것이다.

사실 전두환 전 대통령의 5공화국이 없었다면 박정희 전 대통령의 업적도 일찌감치 무시되었을 가능성이 높다. 그래도 전두환의 5공화국이 있었기에 박정희 전 대통령이 마무리 짓지 못한 많은 일들이 마무리될 수 있었다. 그런 면에서는 박근혜 일가는 전두환 전 대통령에게 감사하다고 해야 할 일이다. 그런데 박근혜 전 대통령은 감사의 표시는커녕 오히려 법의 이름을 빌어서 가혹하리만큼 전두환 전 대통령에 대한 압수수색을 펼친 것이다.

현재 전두환 전 대통령은 치매로 투병중이다. 이순자 여사는 전두환법으로 2013년 자택 압수수색과 친인척 재산 압류 등을 겪으면서 그 충격으로 기억상실증을 앓아 알츠하이머 진단을 받았다고 말한다.

좌파에서는 전두환 전 대통령을 5.18 학살 주범으로 낙인찍은 지 오래다. 올해 88세의 고령임에도 불구하고 광주 법정에 서야 했다. 2017

년 펴낸『'전두환 회고록』에서 5.18 당시 헬기 사격을 증언한 고 조비오 신부를 '파렴치한 거짓말쟁이' 라고 표현하면서, 헬기 사격은 없었다고 회고록에서 주장한 것이 화근이 되었다.

이에 광주 지역 5.18 민주화운동 기념단체 '오월 단체' 와 신부 측 유가족은 지난해 5월 전씨를 '사자명예훼손' 혐의로 고소했다. 검찰은 수사 끝에 전 씨를 불구속기소했다. 혹자는 역사의 심판대는 시효가 없다고도 말한다. 정말이지 전두환 전 대통령에 대해서 만큼은 딱 그렇게 되고 있는 듯하다.

그러나 세계 역사상 피를 흘리며 쿠데타로 정권 잡은 자가 7년 단임 임기를 마치고 스스로 물러난 사람은 전두환 전 대통령뿐이다. 분명한 역사적 사실이다. 전두환 전 대통령은 집권 중에도 수 차례 이런 말을 했다. "권력을 내놓아도 죽는 일은 없다는 원칙을 확립하는 일은 쿠데타를 응징하는 것에 못지않게 이 시대에 꼭 필요한 일"이라고 말이다.

당시 장기 집권을 막고 단임제로 가야 한다는 것은 국민적 염원이었으며 민주화로 가는 척도로 여겼다. 그것을 실천한 이가 바로 전두환 대통령이었다. 이것만으로도 전두환 전 대통령은 역사에 긍정적으로 평가 받을 만하다. 그는 죽을 각오를 하고 원칙을 실현했다.

그런데 좌파 정권도 아닌 박근혜정부에서 전두환 일가를 그토록 가혹하게 했을까? 이에 대해 일부에서는 최태민과의 관련성을 언급하기도 한다. 5공 시절 허화평 전 민정수석은 삼청교육대를 운영하면서 최태민을 최장기 6개월 교육훈련에 보냈음을 TV프로그램에 나와서 언급한 적이 있다. 탄핵 사태 이후 최순실의 국정농단이 백일하에 드러나게 되자 전두환 자택 압수수색에 대한 색다른 해석이 나오기 시작했다.

최태민을 삼청교육대에 집어넣은 것에 대한 앙갚음 아니겠느냐는 해석이다. 최태민은 바로 최순실의 아버지다. 먼 훗날 언젠가는 전두환 전 대통령에 대한 역사적 평가는 바뀔 수 있을 것이다. 광해군처럼 말이다. 그러나 박근혜 전 대통령에 대한 평가는 추하게 남게 될 것이다. 최순실이 국정농단을 한 사실로 말이다.

문창극 총리후보자를 사퇴하게 만든 '악마의 세력'

전영준

문창극 전 총리후보자 사퇴는 대한민국을 무시하려는 '악마의 세력'에 굴복한 박근혜 대통령의 최종 책임이다.

교회 강연으로 논란의 대상이 된 문창극 전 총리후보자는 2014년 6월 23일 오전 10시 긴급 기자회견을 열고 "박근혜 대통령을 돕고 싶었지만, 사퇴하는 것이 돕는 것이라 생각해 자진 사퇴를 결정했다"며 총리 지명 14일 만에 물러났다.

문 전 총리후보자는 "대통령이 총리후보를 임명했으면 국회는 법 절차에 따라 청문회 개최에 대한 의무가 있다"면서 "청문회법은 국회의원이 직접 만드는 것이다. 그러나 야당은 물론 여당에서도 신성한 법적 의무를 지키지 않고 사퇴를 요구했다"고 아쉬움을 나타냈다.

문 전 총리후보자는 위장 전입, 부정부패, 불로소득, 논문 표절, 병역기피 등으로 낙마한 다른 총리후보자와는 달리 생각하기에 다를 수 있는 가치 판단의 문제로 인사청문회까지 가지도 못하고 중도 사퇴한 것은 석연치 않은 점이 많이 있다. 표면상의 이유는 문 전 총리후보자가 총리에 지명되거나 본회의에서 부결되면 7.30 재보궐 선거 참패에 대한 두려움과 문창극 전 총리후보자의 반대가 70퍼센트에 이르러 하락하고 있는 박근혜 대통령 지지율 회복을 위한 것이다.

그러나 7.30 재보궐 선거는 한 달여 남았고 노무현 전 대통령 탄핵 시에도 한나라당이 생각보다 많은 의석수를 챙긴 것을 보면 논리가 맞지 않고, 문창극 전 총리후보자의 반대가 많다고 이유를 드는 것도 대통령 지지율이 하락하면 박 대통령이 퇴임해야 한다는 논리와 같아 궁색한 변명이었다. '악마의 세력' 들에 의해 인터넷에서 왜곡되고 있는 여론을 진정한 민심으로 생각하고 있는 현 집권 세력의 판단이 참으로 한심하다. 견제와 비판이 목적인 야권과 일부 언론들의 행태에 문 전 총리후보자가 일시적으로 시달리는 것은 이해가 가지만, 이에 편승한 여권 인사들의 사퇴 요구에 시달리다 문 전 총리후보자가 중도에 낙마한 것은 상식적으로 납득이 가지 않는다.

사형수에게도 최후진술 기회를 주는 마당에 법 절차에 반하면서까지 문 전 총리후보자가 인사청문회에도 못 가게 사퇴를 하도록 급하게 압력을 가한 이유는 무엇일까. 누가 문 전 총리후보 사퇴의 주도적 역할을 했을까.

이런 석연치 않은 것들을 문창극 전 총리후보자의 지명에서부터 정홍원 국무총리 유임 발표까지 2014년 6월에 있었던 정치권의 혈투를 그려보며 '악마의 실체' 를 파헤쳐 보기로 한다.

10일: 박근혜 대통령 '문창극 총리후보 지명'

11일: KBS 9시 뉴스 문창극 종교 강연 친일사관이라 왜곡 보도

12일: 김상민 · 민현주 · 윤명희 · 이재영 · 이종훈 · 이자스민 등 새누리당 비례대표 초선 의원 6명은 당 지도부의 만류도 뿌리치고 "문 후보자는 즉각적이고 용기 있는 자진 사퇴를 해야 할 것"이라고 불을 질렀다.

12일: 새정치연합 문창극 총리후보자 인사청문회 보이콧 주장이 나오기도

14일: 이인제 "문창극, 청문회까지 갈 필요 없어"

15일: 새정치연합 "문창극 인사 청문 요청서 국회에 보내선 안 된다"

15일: 새정치연합 국회 청문위원장에 '저격수' 박지원 내정

15일: 이인제 문창극 청문회 반대 기자회견 돌연 연기

16일: 박근혜 대통령 중앙아시아 순방에 나서

17일: 한국진보연대 등은 "박근혜 대통령은 문창극 총리 내정자 지명을 사과하고 김기춘 비서실장을 즉각 해임하라"고 촉구

17일: 새정치연합 "문창극 반드시 낙마시킬 것"

17일: 박지원 "문창극, 국민 청문회는 이미 끝났다"

17일: 서청원 새누리당 의원, 문창극 총리후보자에 대해 "문창극 국민 위한 길 판단해야" 사실상 사퇴를 촉구하고 나섰다.

17일: 김무성 "문창극, 청문 전에 해명해야"

18일: 이재오 "국민 70퍼센트가 문 후보자는 안 된다" 주장

18일: 김한길 "문창극, 청문회 원하면 받아주겠다"

18일: 새정치연합 " '문창극 청문회' 보다 '김기춘 청문회' 열고 싶어"

19일: 새정치연합 금태섭 대변인 "김기춘 비서실장, 인사 참사의 주

범… 문창극 아닌 김기춘 청문회 개최해야"

20일: 서청원 "문창극, 국민이 원하는 총리 아냐" … 자진 사퇴 거듭 촉구

23일: 김한길 · 안철수 "공백 장기화… 문창극 즉각 지명 철회"

23일: 박지원 "문창극, 오늘은 지명 철회든 자진 사퇴든 할 것"

23일: 김무성 "문 후보자, 돌이킬 수 없는 상황으로 갔다"

24일: 문창극 총리후보자 자진 사퇴

24일: 김무성 "문창극 사퇴, 김기춘 책임 있다"

25일: 박지원 "김문수 총리? 제2의 이회창 총리일 것"

25일: 박지원 "김기춘 식 인사 검증 계속 땐 정홍원 총리가 임기 채울 것"

25일: 박지원 "靑 비선 라인 '만만회' 가 문창극 추천"

25일: 박지원 "김기춘이 사퇴해야 모든 것이 잘 풀려"

26일: 박근혜 대통령 26일 정홍원 국무총리 유임 발표

첫 번째 의문점; KBS 9시 뉴스 문창극 종교 강연 친일사관이란 왜곡 보도와 새누리당 초선의원 6명의 즉각적인 문창극 총리후보자 사퇴 요구

박근혜 대통령이 10일 문창극 중앙일보 주필을 국무총리후보자로 지명하자 11일 KBS 9시 뉴스는 문창극 종교 강연 친일사관이라 왜곡 보도하였다. KBS는 3년 전 종교 강연을 어떤 과정을 통해 입수하여 짜깁기 왜곡 보도를 했는지 의문이 간다. 즉 KBS 자체가 취재하여 보도했

는지 아니면 누군가의 제보에 의해 보도했는지 말이다. 언론 속성상 감시와 비판이 존재의 목적이란 대명제하에 '왜곡보도' 라는 말을 용광로에 녹여 없애 버릴 수 있어도 최소한 그 동영상의 입수 경위를 보면 이번 문 전 총리후보자 사태의 전모를 파악할 수 있다.

문제는 방송이 나간 직후인 12일 김상민 · 민현주 · 윤명희 · 이재영 · 이종훈 · 이자스민 등 새누리당 비례대표 초선 의원 6명은 문 후보자의 자진 사퇴를 요구하는 기자회견을 열었다. 방송이 나간 직후 전광석화처럼 새누리당 비례대표 초선 의원 6명이 기자회견을 당 지도부의 만류도 뿌리치고 했다는 것은 최소한 눈에 보이지 않는 '어둠의 세력' 이 개입했다고 추측할 수 있다. 여기까지는 객관적으로 박 대통령과 새누리당이 개입했다고 볼 수 없다.

박 대통령이 성품상 바로 지명한 총리후보자를 낙마시키기 위해 초선 의원들에게 사퇴 촉구 기자회견을 하라고 지시했을 리 만무하다. 새누리당은 말할 것도 없다. 하룻밤 사이에 비례대표 출신 6명의 국회의원이 일사분란하게 움직였다는 것은 박 대통령보다 더한 힘을 발휘하는 '어둠의 세력' 이 개입했다고 본다. 물론 이들 의원들은 한결같이 순수성을 강조할 것이다. 그러나 앞뒤 생각해 보지도 않고 뉴스 보도만 갖고 폭발력이 강한 총리후보 사퇴 요구를 했다고 사람들이 이해할까.

두 번째 의문점; 박 대통령의 통치행위를 무시하면서까지 왜 '어둠의 세력들' 들은 문 총리후보자를 낙마시키려 했을까

정치권에서는 박근혜 대통령이 문창극 주필을 총리후보자로 지명하는 데 큰 역할을 한 사람으로 김기춘 비서실장을 지목하고 있다. 두 사람이 '박정희재단' 이사를 맡으면서 친분 관계를 유지해 온 것을 그 이유로 들고 있다. 또한 전혀 생각지도 않은 문창극 주필을 총리후보로 추천할 수 있는 사람은 직접적인 친분 관계에서 비롯됐든 추천에 의한 것이든 청와대에서 김기춘 비서실장 말고는 없다고 보고 있는 것이다.

그렇다면 문 전 총리후보자의 동영상 발언이 박 대통령의 총리후보자 지명 직후 인사 청문회장도 아니고 야권에 의한 폭로 제기도 아닌 방송에 의해 보도되었을까 하는 점이다. 이는 권부를 둘러싸고 있는 어둠의 세력들을 비롯, 김기춘 비서실장에 의해 문창극 주필이 총리후보자로 지명됐지만 문창극 자체에 대한 불만으로 이 동영상을 제보한 것으로 보인다.

KBS가 하루 만에 이 중차대한 것을 기획하고 취재하고 편집하여 방송한다는 것은 시간적으로 불가능하다. 더군다나 바로 직전 SBS도 이 영상을 입수하여 보도하려 했으나 안 한 것으로 알려져 신빙성을 더한다. SBS는 청와대 홍보 라인에 SBS 인사들이 많이 자리 잡고 있어 청와대의 정확한 의도를 확실히 파악하지 않은 상태에서 방송을 내보내기에는 힘들었을 것으로 보인다.

문 전 총리후보자는 이북 출신의 기독교 장로로서 4대째 정통 기독교를 믿는 신앙인이다. 그는 철저한 반공 정신과 강단 있고 소신 있는 태도로 불의와 타협하지 않은 언론인으로 소문나 있었다. 따라서 '악마의 세력'은 그가 총리에 임명되어 박 대통령의 주변에 머무는 것을 두려워한 것이다. 그 동안 박 대통령을 비롯한 권부 인사들을 마음대로 조종해 왔는데 이런 꼴통(?)이 권부에 진입하면 자기들의 존재가 무력해지면서 실체가 폭로되는 것이 두려웠던 것이다.

세 번째 의문점; '악마의 세력'들에 의해 놀아난 정치권 그들은 왜?

12일, 새정치연합 일각에서 문창극 총리후보자 인사청문회 보이콧 주장이 나왔다, 그러나 그것은 야당으로서의 의례적인 제스처였을 뿐이다. 새누리당 정치인 중 문 전 총리후보자에 대해 사퇴하라고 불을 붙인 것은 6명의 초선의원을 제외하고는 중진으로서는 이인제 의원이다. 그는 14일 "문창극, 청문회까지 갈 필요 없다"며 "16일 기자회견을 열어 문 전 총리후보자 사퇴 촉구 기자회견을 열겠다"고 밝혔다. 그러나 그는 15일 '문창극 청문회 반대 기자회견'을 돌연 연기했다. 이인제 의원은 새누리당 지지자들의 열화 같은 기자회견 포기 요구를 거역하지 못했다고 본다. 이때쯤 그는 어렴풋이 악마들의 실체를 파악한 것으로 보인다.

16일, 박근혜 대통령은 중앙아시아 순방에 나서면서 17일 문창극 후보자에 대한 임명동의안과 인사청문 요청서를 전자결재 방식으로 현지에서 재가할 예정이었다. 그러나 17일부터 문창극 전 총리후보자의 중도 사퇴 요구가 정치권을 강타하기 시작했다.

한국진보연대 등 진보좌파 시민단체들은 "박근혜 대통령은 문창극 총리 내정자 지명을 사과하고 김기춘 비서실장을 즉각 해임하라"고 촉구하며 포문을 열었다. 앞서 언급한 대로 '악마의 세력' 이 두려워하는 '문창극' 과 그를 총리후보로 추천하는데 일조했다고 생각하는 '김기춘' 을 타깃으로 삼기 시작한 것이다. 문제는 한국진보연대 등 진보좌파 시민단체들도 '악마의 세력' 들에 의해 조종되고 통제받는 하부 단체라고 할 수밖에 없다는 느낌이 든다는 것이다.

이어 이날 새정치연합도 '문창극 반드시 낙마시킬 것' 이라고 공언했으며, 박지원 의원은 "문창극, 국민 청문회는 이미 끝났다"고 호언장담했다.

서청원 새누리당 의원은 이날 여당 중진으로서는 본격적으로 문창극 총리후보자에 대해 "문창극 국민 위한 길 판단해야" 한다며 사실상 사퇴를 촉구하고 나섰다. 그는 20일에 "문창극, 국민이 원하는 총리 아냐" 라며 자진 사퇴를 거듭 촉구했다. 단지 김무성 의원은 이날 "문창극, 청문 전에 해명해야"라며 사퇴 요구보다는 문 전 총리후보자가 해명하는 것에 더 비중을 두었다.

18일, 새누리당 이재오 의원도 "국민 70퍼센트가 문 후보자는 안 된다"고 한다는 주장을 하면서 사실상 문 총리후보자의 사퇴를 요구했다.

이날부터 새정치연합도 한국진보연대 등 진보좌파 시민단체들의 주장대로 타깃이 김기춘 비서실장으로 향한 것이다.

이날 김한길 대표는 "문창극, 청문회 원하면 받아주겠다"고 말했다. 동시에 새정치연합은 " '문창극 청문회' 보다 '김기춘 청문회' 열고 싶어"라는 논평을 발표했다.

19일에는 새정치연합 금태섭 대변인은 "김기춘 비서실장, 인사 참사의 주범 (…) 문창극 아닌 김기춘 청문회 개최해야" 라고 말했다.

여기서 중요한 의문점이 생긴다. 왜 김한길 대표는 "문창극, 청문회 원하면 받아주겠다" 고 말한 것일까 하는 점이다. 김 대표가 여권의 자중지란을 유도하기 위한 술책이었을까. 아니면 문창극을 인사청문회로 끌어내 확실하게 카운터펀치를 날려 KO시키려 한 것일까. 아니면 박 대통령의 체면을 살려주기 위한 고육책이었을까.

아쉬웠던 것은 새누리당이 김 대표의 말을 이어받아 인사청문회로 가는 것으로 드라이브를 걸었다면 하는 것이다. 만약에 똑똑하게 말 잘하고 대중을 휘어잡을 능력이 있는 문 전 총리후보자가 인사청문회까지 갔다면 대반전이 일어났을 것이다. 그런데 초를 친 것이 서청원 의원이다. 서 의원은 20일 "문창극, 국민이 원하는 총리 아냐" 라며 자진 사퇴를 거듭 촉구했다. 서 의원의 발언은 도무지 이해할 수 없는 것이었다.

서 의원이 '문창극' 을 몰아내려는 '악마의 세력' 에 놀아났는지 아니면 '문창극' 만 몰아내면 친한 '김기춘' 을 살릴 수 있다고 생각한 것인지 알 수 없는 행보였다. '악마의 세력' 은 버겁다고 생각하는 '문창극' 과 배신했다고 생각하는 '김기춘' 을 제거하려고 혈안이었는데 서 의원은 상황 판단을 잘못한 것이다. 즉, '문창극' 을 옹호했어야 '김기춘' 도 살릴 수 있는 상황이었다. 25일 박지원 의원이 "김기춘이 사퇴해야 모든 것이 잘 풀려" 라며 거듭 사퇴 촉구를 한 것이 좋은 예다.

박 대통령이 중앙아시아 순방을 마치고 귀국한 21일부터 일요일인 22일은 정치권이 조용했다. 조용한 것이 아니라 정중동이란 표현이 더 정확했을 것이다.

박 대통령이 귀국한 21일 밤 동부전선 GOP에서 임 모 병장에 의해 병사 5명이 사살되고 9명이 부상당하는 끔찍한 사건이 발생했다. 이 일로 박 대통령은 황금 같은 이틀간의 시간을 이 사건에 관심을 갖느라 문 전 총리후보 건에 대해 심도 있게 검토를 못했을 것이다.

그러나 이 황금 같은 시간에 '악마의 세력'은 문창극 전 총리후보가 사퇴하도록 박 대통령을 괴롭혔을 것으로 보인다. 결국 박근혜 대통령이 '악마의 세력'에 굴복했다고 생각한 정치권은 월요일인 23일 포문을 열었다.

23일, 김한길 · 안철수 공동대표는 "문창극 즉각 지명 철회해야 한다"고 다시 촉구했으며, 박지원 의원은 "문창극, 오늘은 지명 철회든 자진 사퇴든 할 것"이라고 말했다. 새누리당 김무성 의원은 "문 후보자, 돌이킬 수 없는 상황으로 갔다"고 비통함을 나타냈다.

24일, 결국 문창극 총리후보자는 "저는 신앙고백을 하면 안 되고, 김대중 대통령은 괜찮은 건가"라며 서운함 감정을 토로하며 자진 사퇴를 했다.

네 번째 의문점; 문 전 총리후보자 사퇴에 혁혁한 공을 세운 박지원의 역할

톱니바퀴처럼 잘 돌아간다는 말이 있다. 문 전 총리후보자 사퇴 과정에서 박지원 의원의 역할을 보면 꼭 맞는 말이다.

박지원 의원이 15일 새정치연합 국회 청문위원장에 임명되었다. 이때부터 무엇인가 이상하게 돌아가고 있다는 느낌을 받았다. 그의 전력으로 볼 때 과연 총리의 인사 청문을 책임질 수 있는 자격이 있을까 의구심이 들었다. 더욱 이상한 것은 새누리당 어느 누구도 그의 임명에 이의를 제기하는 사람이 없었다는 것이다.

17일, 박지원 의원이 "문창극, 국민 청문회는 이미 끝났다"고 포문을 열자 동시에 서청원 새누리당 의원은 "문창극, 국민 위한 길 판단해야" 한다며 사실상 사퇴를 촉구하고 나섰다.

23일, 박지원 의원은 "문창극, 오늘은 지명 철회든 자진 사퇴든 할 것"이라고 말했다. 24일, 결국 문창극 전 총리후보자는 자진 사퇴를 했다. 문 전 총리후보자가 사퇴를 하자 언론은 김문수 경기도지사를 유력한 총리후보로 거명했다.

25일, 박지원 의원은 "김문수 총리? 제2의 이회창 총리일 것"이라며, "김기춘식 인사 검증 계속 땐 정홍원 총리가 임기 채울 것"이라고 예측했다.

다음날 박 대통령은 정홍원 국무총리의 유임을 발표했다. 박지원 의원은 어떻게 이런 정확한 정보를 입수할 수 있을까. 청와대로부터? 아니면 새누리당으로부터? 아니다. 아마 '어둠의 세력'과 관련 있는 누군가로부터 직접 입수했다고 본다. 박근혜 대통령과 김기춘 비서실장도 좌지우지할 수 있는 막강한 힘을 가진 세력으로부터 말이다.

박지원 의원은 25일 "靑 비선 라인 '만만회'가 문창극 추천"했다며 엉뚱한 소리를 했다. 지금까지 김기춘 비서실장이 문창극을 추천했다는 새정치연합의 주장과는 배치되는 주장이다. 이는 지금까지 '어둠의 세력' 의 활동을 희석시키려는 꼼수일 뿐 아무 의미 없는 발언이다. '어둠의 세력' 이 박지원을 다시 앞세워 뒤로 빠지겠다는 제스처라고 본다.

박근혜 대통령이 동생 박근령과도 마음대로 못 만나는 판에 박지만과도 흉금을 터놓고 중요한 정치 문제를 의논했을 리 만무하다. 일개 보좌관이 총리 인사에 주도적으로 나섰다? 지나가는 개도 웃을 이야기이다.

박 대통령은 당 대표 시절부터 인사 문제는 어느 누구와도 상의 없이 '철통 보안' 속에 진행했다. 정 총리 유임도 청와대와 새누리당 어느 누구도 눈치 채지 못한 것으로 알려졌다. 다만, 박지원 의원만 사전에 모든 것을 알고 있는 듯한 행동을 보여 왔다.

'악마' 들의 목적은 대한민국의 지키는 것도, 새누리당을 지지하는 것도, 박근혜 대통령을 보호하는 것도, 종북 세력을 척결하는 것도 아닌 대한민국을 '그들만의 천국' 으로 만드는 것이다. 온갖 어려움 속에 빠져 허우적거리는 대한민국을 살릴 수 있는 사람은, '악마의 세력' 을 정확히 알고 있는 박 대통령 자신뿐이었다. 그러나 박 대통령은 '악마의 세력' 과 단절하지 못했다.

박근혜, 준비된 대통령 아니었다

한정석

'준비된 여왕!'

영국 엘리자베스 1세에게 바쳐진 헌사이다. 박근혜 대통령은 2012년 대선에서 엘리자베스 1세가 자신의 롤 모델이었다고 말했다. "나는 이미 국가와 결혼했다"고 말했던 엘리자베스 여왕은 평생을 독신으로 살면서 파산 직전의 영국을 '해가 지지 않는 나라'로 만들었다. 그런 엘리자베스 여왕과 박근혜 대통령 간에는 비운으로 일찍이 부모를 잃었던 가정사도 닮아 있었다.

하지만 박근혜 대통령이 '준비된 여왕'인지는 확실치 않았다. 박 대통령에게는 여왕적인 카리스마와 단호함이 있었다. 2002년 한나라당이 '차떼기당'이라는 오명 속에 존폐 위기를 겪었을 때 박근혜 대표는 당사를 천막으로 옮기며 위기를 극복하는 리더십을 보여 주었다. 그 후 2004년 총선을 비롯, 당이 위기에 놓일 때마다 그녀는 '선거의 여왕'이라는 칭호를 들으며 구원투수로 등장했다. '박근혜'라는 이름 석 자는 대한민국에 '준비된 대통령'을 의미했다. 이를 증명하듯 박 대통령에게는 '묻지마' 지지자들도 많았다.

하지만 박근혜 대통령은 당선되자마자 레임덕에 들어갔다는 평가를 받았다. 인사가 난맥이었다. 동시에 '창조경제' 라는 박근혜노믹스는 정작 경제부처 장관들도 국민들에게 속 시원하게 그 개념을 설명하지 못했다. 대통령의 첫 미국 순방에서 '대통령의 입' 인 청와대 대변인은 성추행 사건에 연루되어 망신살을 탔다. 경제민주화는 '세금 없는 복지' 라는 모순적 정책을 만나 허구성이 드러났다. 결국 '지하경제 양성화' 라는 카드로도 연결되었지만, 아무런 소득 없이 끝났다. 국정원 선거 댓글 사건이 정치권을 블랙홀로 빨아들였다.

그나마 고질적인 종북 세력으로 지목되었던 통합진보당의 RO(Revolution Organization, 혁명조직) 이석기의 내란음모가 유죄로 판결나고, 통진당에 대한 위헌 정당 해산 청구가 헌법재판소의 해산 판결로 종결되면서 박근혜정부에 새로운 동력이 생기는가 싶더니 세월호 사건이 터졌다.

세월호는 대한민국을 삼켰다. 대통령의 '7시간 추문' 이 루머로 확산되었고 한일 관계는 얼어붙었다. 한미 안보 관계는 미사일 방어망(MD)을 둘러싼 중국과의 줄다리기에서 눈치 보기로 전락했다.

이완구 총리로 국정 돌파구를 찾는 과정에서 성완종 리스트가 터져 새누리당과 청와대는 그야말로 초상집이 되어 버렸다. 메르스 사태로 박근혜정부는 국민의 불신을 받고 있다. 박근혜정부는 그렇게 집권 중반에 들어섰다.

하나의 위기가 정리될 무렵이면 다른 위기가 왔다. 반복되는 위기의 순간마다 대통령의 화법은 '유체 이탈' 이라는 조롱을 받았다. 6월 중순, 박 대통령의 지지율은 30퍼센트 대에 이르고 있다. 겉보기에는 그럭저럭인 것 같지만 '박빠' 의 지지율을 빼면 바닥 수준이었다. 이는 분명한 위기 조짐이다. 박근혜정부가 한국 정치 지형에 건강한 보수정치 세력의 진화와 성장을 견인하지 못하고 있다는 이야기가 되기 때문이다.

박근혜정부의 위기 반복에는 스마트한 지지층의 이념적 동조가 부재하다는 점이 중요한 원인으로 지목될 수 있다. 일반적으로 반공 이념은 보수 시민들로부터 공통된 지지를 얻을 수 있지만, 사회 · 경제 정책의 지지를 얻으려면 반공 이념 외에 언론과 오피니언 리더들의 이론적 지지가 중요하다.

경제철학의 부재가 불러온 위기

박근혜 대통령의 초기 경제 이념 '줄 · 푸 · 세' (정부 지출은 줄이고, 규제는 풀고, 세금은 낮추자)는 자유시장경제의 성공을 위한 올바른 아젠다였지만, 이를 신자유주의로 매도하는 좌파들의 부당한 공격에 굴복하고 말았다는 평가를 받는다. 이는 2008년 미국 발 금융위기와 2010년 그리스에서 촉발된 유럽 경제위기를 목도했던 공포감에 기인한 바가 컸다.

하지만 미국과 그리스, 스페인 등의 잘못된 정부 규제와 비효율적 복지정책, 비대한 재정 지출 등의 문제가 원인이었다는 것을 '줄푸세' 원리로 설명이 충분히 가능한 것이었다. 오히려 그런 경제 위기가 '줄푸세' 의 원칙을 그 나라 정부들이 배반했기 때문이라는 점도 명백했기에,

이는 이념 투쟁으로 돌파할 수 있는 것이었다.

문제는 그런 이념적 대항 논리를 가지고 있었던 자유주의 진영을 박 대통령이 후보 시절에 무시했다는 점에 있다. 그 대신 박 대통령은 2011년경 '복지와 재분배' 라는 포퓰리즘적 아젠다로 자신의 대권 공약의 이념형을 교체했다. 그렇게 해서 결국 대통령 당선에 성공했다는 평가들이 있지만, 이는 명백히 잘못된 것이다.

박 대통령은 '복지와 재분배' 아젠다를 내세웠음에도 대선에서 문재인 후보에게 막판 역전 당하는 위기에 몰렸다. 결국 통진당 이정희 후보의 독단과 '나꼼수' 로 대변되는 진보 좌파의 도가 넘는 반민주주의적 행위에 위기를 느낀 보수 진영의 막판 결집이 근소한 차이로 박근혜 후보를 대통령으로 만들었다는 평가가 있다. 지난 대선에서 야권의 실책이 없었다면 박근혜 대통령도 없었다는 이야기다.

무엇보다 박근혜 대통령의 후보 시절 내내 보수 진영은 여권의 포퓰리즘에 우려를 나타내야 했다. 새누리당은 좌클릭하고 있었고, 2012년 총선에서 박 대통령의 친위대였던 '친박연대' 가 궤멸한 까닭에 새누리당은 의석수가 줄었다.

그리고 통진당이 대약진을 이루어 냈다. 새누리당의 좌클릭과 박근혜 후보의 '복지 분배', '경제민주화' 는 국민들로 하여금 대한민국 경제성공의 이념을 내부로부터 부정하고 통진당에 이끌리던 민주당에게 정책적, 이념적 정당성을 부여하는 꼴이 되고 말았다.

복지 포퓰리즘이 불러온 비스마르크의 몰락

국민들 입장에서 복지와 재분배를 하고, 부자들을 옭아매서 서민들을 살찌우겠다면 왜 새누리당을 지지해야 한단 말인가? 그런 의문에 박근혜 후보나 새누리당은 제대로 설명하지 못했다. 이런 상황은 다름 아닌 독일 비스마르크의 등극과 몰락이 그 역사적 교훈을 안겨준다.

낙후된 독일은 보불전쟁의 승리로 프랑스로부터 전쟁 배상금 50억 프랑을 받아 뒤늦게 산업화에 성공하고 비약적인 발전을 경험했다. 당시의 체제는 자유시장체제였다. 여기에 사회주의 세력이 1875년, 정당을 결성해 독일제국에 등장했다.

비스마르크는 '사회주의 탄압법'을 제정해 독일 사회주의 세력을 억압했고, 그 효과를 봤다. 그런데 불황이 찾아왔다. 비스마르크와 보수정권은 거리에 넘쳐나는 실업자에 당황했다. 사회주의 세력은 그들 속에서 다시 영향력을 키워 나갔다.

1883년 비스마르크는 고심 끝에 소위 채찍(Peitsche)과 사탕과자(Zuckerbrot)라는 두 가지 상반된 정책을 고안하기에 이른다. 사회주의 정당에 가입하지 않은 노동자를 대상으로 1883년부터 건강보험과 재해보험, 노령보험이라는 3대 사회보장제도를 실시했다. 그것이 근대 최초의 사회보장제도와 복지정책의 기원이 됐다.

하지만 당시 비스마르크의 생각은 엉뚱했다. "노인들은 돈을 준다고 하면 쉽게 설득할 수 있다"라는 비스마르크의 유명한 발언은 현실주의자 비스마르크가 궁극적으로 포퓰리즘에 빠졌다는 사실을 말해 준다.

정규재 한국경제신문 주필은 비스마르크의 복지정책에 대해 "한 마디로 지배 권력이 지지를 얻기 위해 국민에게 사회적, 정치적 뇌물을 준 것"이라고 말한다. 그렇다면 '사탕과자' 복지정책으로 비스마르크는 성공할 수 있었을까?

사회보장 실시 12년 만인 1890년 '사회주의 탄압법'은 폐지됐고 독일 사회주의당은 마르크스 노선을 공식화했다. 같은 해 비스마르크는 빌헬름 2세에 의해 해임되었다. 복지 수혜를 입은 노동자들은 '사회주의 하에서는 이보다 더 많은 혜택을 누릴 수 있다'는 꾐에 대부분 넘어갔다.

독일제국 초기에 자유주의와 연대했던 비스마르크는 시간이 흐르면서 보호관세를 채택하고 오히려 자유주의를 억압했다. 교회에도 박해를 가했다. 결국 채찍과 사탕과자라는 비스마르크의 복지 포퓰리즘은 사회주의 좌파에 의해 평등의 사회권으로 포장되기에 이른다. 현실주의자인 비스마르크는 이념전에서 사회주의에 패배했고 교회와 기업가, 그리고 주류 세력으로부터도 배척됐다.

이러한 비스마르크의 보수 포퓰리즘 교훈은 박근혜정부가 가야 할 길을 알려주고 있다. 정치는 타협의 대상일 수 있어도 경제 원칙은 타협으로 성공할 수 없다는 사실이다. 그 이유는 경제에는 원리(Principle)가 존재하기 때문이다. 원리를 무시한 포퓰리즘 타협이 좋은 결과를 가져올리 만무하다.

문제는 박근혜 대통령의 경제 참모들이 대개 낡은 케인즈식 경제 또는 노동경제학, 후생경제학, 복지경제학과 같은 시장원리로부터 벗어난

경제론자들이라는 점에 있다. '사회적 경제' 를 주창하는 유승민 새누리당 원내대표의 문제점이 박근혜정부의 경제 정책이 총체적 난국을 빚을 수밖에 없음을 말해 준다. 그가 박근혜정부의 경제 밑그림을 그린 경제 브레인이기 때문이다.

박근혜 대통령은 자유 보수 진영이 반대하는 새누리당의 '사회적 경제' 에 그 어떤 코멘트도 하지 않고 있다. 경제에 대해 근본적인 사유가 잘못되었거나, 없는 것 아닌가 의심이 된다. 이제 와서 '규제 해제', '경제 활성화' 를 정책적 목표로 지향하고 있지만, 그것이 경제민주화와 어떤 관계인지 국민들은 헷갈린다. 자동차의 브레이크와 액셀러레이터를 동시에 밟겠다는 것으로 비쳐질 뿐이다. 그러니 국민들에 대한 소구력이 있을 리가 없다.

박근혜 대통령은 경제민주화가 잘못된 정책이었음을 지금이라도 솔직하게 고백하고 다시 '줄푸세' 로 가겠다고 천명하는 것이 소통에 도움이 된다. 그래야만 스마트한 지지를 받을 수 있다. 재계와 기업들이 호응해 줄 것이고, 그들이 광고주이기에 언론들도 재계와 기업의 목소리를 반영하게 된다. 성장이 없다면 분배할 것도 없다. 국민들에게 그러한 진실을 설득해야 한다.

박근혜정부의 또 다른 시급한 문제는 한미 간, 그리고 한일 간의 외교안보 교착 상태를 타개하는 일이다. 박근혜정부는 지나치게 친중 외교에 기울어져 있다고 보는 것이 미국과 일본의 공통된 시각이다.

혹자는 한국의 대중국 수출과 경제를 무시할 수 없다고 하지만 그것은 중국이 우리의 제품과 서비스를 필요로 해서이지, 우리가 중국이 필요 없다는 물자를 생산해서 마치 조선시대 조공 무역하듯이 팔고 있는 것이 아니다.

한국과 교역에서 중국이 무역 적자를 보고 있다고는 하지만, 사실 중국의 기업들은 한국의 반제품을 사들여 완제품으로 미국과 유럽에 팔아 막대한 수익을 올리고 있다. 한국과의 무역 적자가 문제라면 중국이 이를 용인할 리가 없는 것이다. 그런 관점에서 우리는 중국의 눈치를 과도하게 볼 필요가 없다.

더구나 일본과는 불필요하다 싶을 정도로 과거사 문제를 거론함으로써 한일 간의 국익 거래라는 외교의 기본 문제를 아예 포기하고 말았다. 국가 간 외교란 철저하게 국익을 놓고 협상하는 것이며, 어떤 외교적 행위에도 그 목적이 분명하게 정의되어 있어야 한다. 중국의 경우 일본의 과거사를 문제 삼는 것은 일본의 군사대국화를 견제하고, 아시아를 중화경제권에 포획하겠다는 분명한 목적이 작동하고 있지만, 한국의 경우 일본과 과거사 논쟁을 통해 얻으려는 국익이 무엇인지 모호하다.

외교를 국내 정치의 모멘텀으로 삼으려는 정치는 미숙한 것이다. 국익은 여야를 초월해 추구되는 것이지, 국익을 정권의 지지와 바꾸려는 행위는 어떤 점에서는 매국적이고 반역적이라는 사실을 잊지 말아야 한다. 한 국가의 지도자에게는 '국익의 원칙' 이 있어야 한다.

슈뢰더의 교훈

2002년 독일이 통일로 심각한 경제 불황에 놓였을 때 당시 사회민주당(SDP)의 수장이었던 슈뢰더 총리는 '아젠다 2010'(Agenda 2010)이라는 캐치프레이즈로 독일병 대수술에 나섰다. 복지를 축소하고 노조의 쟁의권한에 규제를 가했으며, 긴축과 규제 해제를 추진해 나갔다.

이를 두고 독일 노조와 좌파는 '동지로부터 등에 칼을 맞았다' 라는 비난이 들끓었다. 이른바 '신자유주의 정책' 을 편다는 비판이 쇄도했다. 하지만 슈뢰더 총리는 단호했다. 그는 자신의 정치적 미래에 연연하지 않았다. 결국 슈뢰더 총리는 사민당의 가장 유력한 지지 세력으로부터 버림받는 길을 택하는 조건, 즉 그들이 사민당을 버리는 조건으로 개혁을 성사시켰다. 그 결과 독일 경제는 살아났고, 슈뢰더와 사민당은 다음 총선에서 몰락했다.

미국의 네오콘을 이끈 보수주의 정치철학의 대부 레오 스트라우스는 1958년 『마키아벨리』라는 책에서 마키아벨리를 비판하면서 이렇게 말했다.

"참된 군주란 (마키아벨리의 주장처럼) 백성이 어떻게 살고 있는지 관찰해야 하는 것이 아니라, 어떻게 살아야 하는지를 고민해야 한다."

제2부

한국의 보수우파, 헬게이트를 열다

20대 총선 패배는 친박의 탐욕이 낳은 결과

전영준

20대 총선은 보수 분열 없는 최상의 구도에서 새누리당은 이전투구하다 더불어민주당과 국민의당에 승리를 상납했다. 패배할 수 없는 선거에서 대참패한 것이다. KBS는 투표 완료 후 오후 9시 10분 자체 예측 프로그램을 통해 분석한 결과 새누리당이 129석, 더불어민주당이 115석, 국민의당이 36석, 정의당이 6석, 무소속이 14석을 각각 차지할 것으로 보도했다.

각종 여론조사에서 의석 과반수 이상을 예상하던 새누리당은 146석이던 의석이 122석으로 줄어들었다. 19대 총선에서 102석을 차지하고 있던 더불어민주당은 123석을 얻어 1석 차이로 제1당이 되었다. 국민의당은 38석을 확보해 제3당이 되었고 정의당은 6석을 얻었다. 무소속은 총 11석이다.

박근혜정부와 새누리당 지도부는 보수가 분열되지 않은 최적의 상황에서 패배한 것으로 어떠한 변명도 할 수 없는 상황이 되었다. 새누리당의 대참패는 공천 과정에서의 친박–비박간의 이전투구와 상식을 뛰어넘는 무공천, 박근혜 대통령의 불통과 일방통행식 독주, 새누리당 김무성 대표의 무능과 리더십 상실, 이로 인한 친소관계에 따른 친박–비박 지지자들의 국민의당으로의 이탈 등이 복합적으로 작용했다.

2016년 4.13총선 패배는 분명 박근혜 대통령의 패배다. 여대야소 정국에서도 야당의 반대로 식물국회가 되었는데, 더욱이 여소야대 상황에서 국정을 정상적으로 운영할 수 없다는 것을 이미 예견해 준 것이다. 새누리당에 더 절망적인 것은 2004년 총선보다 더한 선거 패배를 당했으면서도 새누리당과 청와대는 자정 능력도, 위기 대처 능력도 보여 주지 못했다는 것이다.

20대 총선은 분명히 오너리스크다. 매출(지지율) 좋고 수익(인재)이 많은 회사에 혁신한답시고 무능한 저성과자 CEO를 영입해서 당을 콩가루로 만든 오너의 책임이다. 친박 세력들은 친박–비박 싸움에, 그것도 모자라 진박 싸움까지 벌였다. 거기다 취중막말에 옥새파동까지, 이 정도면 바로 파산 안 된 것만 해도 다행이다.

국민의당 정당 투표율이 26.74%이다. 새누리당은 33.5%이다. 지난 대선 박근혜 대통령을 지지했던 사람들 중 18.1%가 기권하거나 국민의당을 지지했다는 반증이다. 더불어민주당 지지율은 그대로인데 7~8%대에 머물던 국민의당 정당투표율이 26.74%를 기록했다. 새누리당 지지자들 중 16%가 국민의당을 지지했다는 것이다.

박근혜 대통령과 새누리당 지도부는 왜 20대 총선이 중요한지에 대한 절박함이 없었다. 싸워야 할 상대가 야권인지 비박인지 피아 구분도 없었다. 의석수 좀 잃어도 비박들이 낙선하는 것을 더 바랐다. 더불어민주당은 한 석이라도 더 건지려고 국보위 출신 김종인을 데려왔고, 안철수는 제3당의 위치를 구축하려 온갖 야권연대 협박에도 굴하지 않고 버티어 지지자들을 결집시키는 것을 넘어 새누리당 지지자들까지 데려갔다.

그러나 새누리당 박근혜 대통령은 진박이라고 생각하는 저성과자 무능한 이한구 의원을 김무성 대표와 일주일 간의 혈투 끝에 공관위원장 자리에 앉혔다. 이한구 공관위원장은 공정한 공천은커녕 주어진 임무도 해내지 못하고 유승민 공천 여부로 허우적거리다 선거 등록 마지막 날까지 눈살을 찌푸리는 행동을 했다. 이에 질려 버린 대구경북의 전통적 지지자들은 물론 수도권의 중도 보수층이 등을 돌리고 국민의당을 지지했다.

더불어민주당은 친노패권 정당이 되었는데 새누리당은 비판 한 번 못했다. 야권 분열은 분명 친노 독주와 패권정치였는데 한 번도 더불어민주당의 친노패권 정치를 공격하지 않았다.

더불어민주당과 국민의당은 박근혜 대통령의 경제실정을 내세워 '정권심판론' 을 외치며 한 목소리로 외쳐 댔다. 야권 분열로 패배해야 할 대상들이 새누리당의 헛발질로 동정을 받고 표를 아무 노력 없이 흡수하는 결과를 낳았다.

2012년 총선에서 친이 세력이 대거 공천에 탈락해도 낙천자들 및 그 지지자들은 이명박 대통령을 성공한 대통령으로 만들기 위해 인내했다. 2008년 총선에서는 친박 세력이 공천에서 대거 탈락해도 그들은 박근혜 대통령을 만들기 위해 후일을 도모하며 참았다.

그렇게 했던 사람들이 서로가 총질하며 싸움질만 했다. 그 싸움의 책임은 말릴 생각은 하지 않은 채 자기에게 충성한 사람만 총애한 박근혜 대통령 책임이다.

친박들이 김무성 때문에 선거에 패했다고 몰아 세웠다. 정진석 원내대표가 발간하려 한 '총선 백서' 도 거부했다. 되레 친박 이정현을 당 대표로 당선시켜 샥스핀을 대접했다. 박근혜 대통령과 친박 세력들은 탄핵 당할 수십 가지 수백 가지 사유를 차곡차곡 쌓고 있었다. 쥐구멍 때문에 둑이 무너지는 것을 방치했다.

국회는 여소야대가 되었다. 지방정부는 야권 천하가 되어 있다. 새누리당의 정권 재창출은 '박근혜 탄핵' 이 없었어도 불가능했다.

친박들은 새누리당을 박정희 전 대통령당, 그리고 박근혜 대통령당으로 만들겠다고 '진박 논쟁' 을 일으키며 나갈 사람 나가라고 탐욕을 부렸다. 그런 생각으로 선거에 임했으니 새누리당이 승리할리 만무했다. 결국 박근혜 대통령은 탄핵을 당했고, 새로운 세상을 만들겠다는 새누리당은 간판을 내려야 했다.

명성황후와 민비, 그리고 박근혜 대통령

고성혁

2013년 12월 18일, 마지막 유세날 저녁이었다. 광화문광장으로 모였다. 박근혜 대통령후보의 마지막 유세장이었다. 밤이 되자 기온은 영하 10도 이하로 곤두박질쳤다. 그래도 열기는 뜨거웠다. 좌파 세력에게 정권을 넘겨주지 않기 위한 그날의 기도는 결국 박근혜정부를 탄생시켰다. 삼국통일의 토대를 닦은 선덕여왕처럼 박근혜 대통령이 통일의 기틀을 마련해 줄 것을 희망했다. 그런데 박근혜 대통령의 행보는 선덕여왕보다는 구한말 민비에 가까웠다.

외교안보정책은 친중 정책으로 흘렀다. 미국을 비롯한 동맹국들이 반중정책을 펼치는 것과는 정반대의 행보였다. 마치 구한말 친러정책을 펼친 민비와 오버랩되었다. 민비는 일본 낭인의 손에 시해되자 사후에 명성황후로 추존되었다. 드라마와 뮤지컬로 각색된 〈명성황후〉에서는 서슬퍼런 일본도 앞에서도 "나는 조선의 국모다"라고 외친다. 그러나 드라마에서나 가능한 일이다. 달리 생각해 보면 일본 낭인의 칼에 시해당했기 때문에 그나마도 명성황후라는 이름으로 후세들에게 알려졌다고 볼 수 있다. 만약 1882년 구식군대를 차별하는 것에 분노해서 터진 임오군란 때 민비가 시해되었다면 역사는 '명성황후' 라는 호칭을 부여했을까?

지난 4.13 총선에서 새누리당은 참패했다. 군인과 그 가족들이 많이 살고 있는 계룡시에서조차 새누리당이 졌다. 군인연금을 삭감하는 것에 대한 반발심이 작용했을 것으로 본다. 마치 임오군란 때 성난 군심을 보는 듯한 느낌이 들었었다. 어디서 본 듯한 '역사의 데자뷰' 다. 박근혜대통령과 최순실의 관계도 보면 또 하나의 역사의 데자뷰 같다. 민비와 진령군眞靈君 같다. 임오군란으로 민비는 궁녀의 등에 업혀서 궁궐을 빠져나갔다. 멀리 충주까지 피신했다.

충주목사 민응식의 집에 머물던 민비는 관우 장군의 혼이 들었다는 이성녀에게 환궁 시기를 물었다. 희안하게도 무당이 말한 그 날짜에 환궁하게 되었다. 그 민비는 무당에게 쏙 빠졌다. 무녀 이성녀에게 진령군이라는 직위까지 하사했다. 청일전쟁으로 나라가 전쟁터가 되었는데도 무당의 말에 굿을 했다.

이유인李裕寅이란 사람은 무당 진령군에게 잘 보여 양주목사에 오른 일이 있고, 안효제安孝濟가 진령군을 주誅하고자 상소까지 한 것으로 보면 당시 이들 무녀의 세도가 어느 정도였는가를 짐작할 만하다. 무당 외에는 민비를 움직일 수 있는 사람이 없었다고 『매천야록』은 기록하고 있다. 사이비 교주 최태민의 딸 최순실과 오버랩되는 역사의 데자뷰다.

사실 탄핵의 전초였던 최순실사태는 아는 사람은 아는 일이었다. 언젠가는 터질 일이었다고 생각하는 사람이 많았다. 비정상적인 행보는 언젠가는 탈이 나기 마련이다. 박근혜 대통령의 외교안보정책과 인사정책은 이해 못할 구석이 많았다. 일단 인사문제에 있어서는 정통 우파보다는 과거 좌파와 운동권 출신을 기용하기도 하고 심지어는 노무현 정권 시절 사람을 가장 중요한 요직에 앉히기도 했다.

현재 엉망이 된 외교안보 라인을 보면 윤병세 외교장관과 김장수 전 안보실장 역시 노무현 정권 사람이다. 이 사람들을 인선할 때 많은 우파 인사들이 고개를 갸우뚱했다. 청와대에 드나들었다던 차은택이라는 인물 역시 우파 쪽 사람이 아니다. 정통 우파 입장에서는 이해 못 할 사항이다. 또 있다. 정권 초기 국방장관 물망에 올랐던 김병관 장군은 완전 날조된 음해로 낙마했다. 김병관 장군은 음해에도 끝까지 가겠다고 기자회견까지 했었다. 그러다가 어느날 갑자기 날아갔다. 문창극 총리후보 역시 마찬가지다. 전혀 문제될 것이 없었다. 자신의 종교 관점에서 구한말 역사를 강연했다. 좌파들이 물고 늘어져도 우파가 문창극 총리후보자를 지원했다. 잘 버티다가 어느 날 갑자기 어디로부터 전화를 받았는지 그 역시도 날아갔다.

우리의 외교안보에 가장 중요한 나라들이 일본에서 G7 정상회담을 하기 위해 모였다. 일본은 주빈국으로 한국을 초청했다. 한국은 자유국가에서 인구 5000만에 경제규모까지 감안하면 G7 국가 바로 다음 그룹의 국가다. 그런데 박근혜 대통령은 가지 않았다. 선약이 있다는 핑계로, 그리고 찾아간 곳은 아프리카 우간다 이디오피아 같은 나라들이다.

심지어는 미국의 반대에도 불구하고 중국 전승절 행사에 참석했다. 이란에 대한 미국의 제재가 해제되자 바로 이란을 방문했다. 국제외교안보적 관점에서 볼 때 정상적 행보와는 거리가 멀어도 한창 먼 행보다.

이러한 박근혜 대통령의 행보는 이념적으로도, 또 국제역학적으로도 정치적으로도 해석할 수 없었다. 그런데 최근 드러난 최순실이라는 키를 꼽아 보면 다 풀린다. 박근혜 대통령에 관한 한 최순실은 만능키다. 박관천 전 경정은 권력 서열 1위는 최순실이고 박근혜 대통령은 3위라고 한 말이 딱 들어맞는 케이스다. 우파가 따랐던 박근혜 대통령은 지금에 와서 보면 우상이자 허상처럼 보인다. 철학자 베이컨은 본질을 보지 못하고 허상을 보는 것에 대해 네 가지 우상으로 정의했다. 종족의 우상, 동굴의 우상, 시장의 우상, 극장의 우상이 그것이다. 아마도 우파는 박근혜 대통령의 본질을 보기보다는 박정희 전 대통령의 후광만을 보았을지 모를 일이다. 그 결과 탄핵이라는 역사적 오명을 뒤집어쓰게 되었다. 우파가 부활하기 위해서는 이제 박근혜라는 허상을 내던져야 한다. 박근혜와 연결되거나 후광을 입은 사람은 철저히 우파 정치권에서 배제시켜야 한다. 이제 우파는 버릴 것은 버려야 한다. 그래야 다음을 기약할 수 있다.

새누리당은 싸움질만 했지 절박함과 피아 구분이 없었다

전영준

대다수 언론들, 그리고 여론조사 기관들 모두가 20대 총선에서 새누리당의 압승 내지는 승리를 예언했다. 보수 분열 없는 최상의 구도에서 새누리당은 이전투구하다 더불어민주당과 국민의당에 의회 권력을 상납했다. 패배할 수 없는 선거에서 패배했다. 친박 세력들의 독선과 김무성 대표의 무능, 그리고 유승민 공천을 두고 새누리당 지지자들끼리 편싸움으로 대참사를 일으켰다. 더 절망적인 것은 노무현 전 대통령 탄핵 수준보다 더한 선거 패배를 했으면서도 새누리당과 청와대는 자정 능력도 위기 대처 능력도 보여 주지 못하고 있다는 것이다.

20대 총선은 분명히 오너리스크다

매출(지지율) 좋고 수익(인재)이 많은 회사에 혁신한다고 무능한 저성과자 CEO 영입해 당을 콩가루 만든 오너의 책임이다. 미친 CEO와 가족 간 분쟁에 이골이나 이삼십 년씩 봉직한 충성스러운 직원들이 다른 회사(야권)로 이직해 회사가 문을 닫을 직전에 이르렀다.

친박 세력들은 친박 · 비박 싸움에 그것도 모자라 진박 싸움까지 벌였다. 거기다 취중 막말에 '옥새파동' 까지, 이 정도면 바로 파산 안 된 것만 해도 다행이다.

국민의당 정당 투표율이 26.74퍼센트이다. 새누리당은 33.5퍼센트이다. 지난 대선 박근혜 대통령을 지지했던 사람들 중 18.1퍼센트가 기권하거나 국민의당을 지지했다는 반증이다. 더민주 지지율은 그대로 있는데 7~8퍼센트 대에 머무르던 국민의당 정당투표율이 26.74퍼센트를 기록했다. 새누리당 지지자들 중 16퍼센트가 국민의당을 지지했다.

절박함이 없었고 피아 구분이 없었다

더불어민주당(이하 '더민주')은 한 석이라도 건지려고, 국보위 출신 김종인을 데려 왔고, 안철수는 제3당의 위치를 구축하려 온갖 야권연대 협박에도 굴하지 않고 버티어 지지자들을 결집시켰고 새누리당 지지자들을 데려왔다.

그러나 새누리당 박근혜 대통령은 친박이라고 생각하는 저성과자 무능한 이한구 의원을 김무성 대표와 일주일 간의 혈투 끝에 공관위원장에 앉혔다.

이한구 공관위원장은 공정한 공천은커녕 주어진 임무도 해내지 못하고 유승민 공천 여부로 허우적거리다 선거등록 마지막 날까지 눈살을 찌푸리는 행동을 했다. 이에 질려 버린 대구경북의 전통적 지지자들은 물론 수도권의 중도보수층이 등을 돌리고 국민의당을 지지했다.

더민주는 친노패권 정당이 되었는데 새누리당은 비판 한 번 못 했다. 야권 분열은 분명 친노 독주와 패권정치였는데 한 번도 더민주의 친노패권 정치를 공격하지 않았다. 되레 친노 세력이 피해자가 되고 패잔병들의 모임인 국민의당이 각광을 받는 이상한 형세가 되었다. 그러나 공천 과정에서 불거진 새누리당의 추태에 대한 실망이 표로 연결되어 심판할 줄은 미처 몰랐다.

경쟁하듯 아군에게 총을 쏘아댔다

더민주와 국민의당은 박근혜 대통령의 경제 실정을 내세워 '정권 심판론'을 외치며 한 목소리로 외쳐댔다. 야권 분열로 심판받아야 할 대상자들이 새누리당의 헛발질로 동정을 받고 표를 아무 노력 없이 흡수하는 결과를 낳았다. 2012년 총선, 친이 세력이 대거 공천에 탈락해도 낙천자들 및 그 지지자들은 이명박 대통령을 성공한 대통령으로 만들기 위해 참았다.

2008년 총선 친박 세력이 대거 공천에 탈락해도 그들은 박근혜 대통령을 만들기 위해 후일을 도모하며 참았다.

그렇게 했던 사람들이 지금은 박 대통령이 해준 게 무엇이냐고 투덜

거린다. 그리고 국민의당을 지지했다. 이명박 대통령을 추종했던 사람들은 지금 박 대통령이 독주한다고 불평하며 국민의당을 지지했다.

1표 차나 10,000표 차 승리일 때나, 1표 차나 10,000표 차 패배일 때나 수십 가지 수백 가지 이유 때문에 그렇다. 심지어는 담뱃값 인상도 작용했다는 소리도 들린다. 이 모두 패배의 요인이다.

둑이 무너지는 것은 쥐구멍 때문에 무너지는 것과 같은 이치를 이번 20대 총선에서 새누리당이 겪었다. 국회는 여소야대가 되었다. 지방정부는 야권 천하가 되어 있다. 새누리당이 정권 재창출 못 하면 어떻게 되는지 똑바로 정신 차려야 한다.

새누리당을 박정희 전 대통령 당, 그리고 박근혜 대통령 당으로 만들겠다고 나갈 사람 나가라고 오기를 부리면 안 된다. 그런 생각으로 국정을 이끈다면 새누리당 자체가 문을 닫게 될 것이다. 결국은 박정희 전 대통령을 욕되게 하는 일이다.

박근혜 대통령은 이제 집토끼와 같이 정치해야 한다. 국가를 위해 국가 정체성이 불확실한 가짜 친박 가려내고 진영에 상관없이 판을 다시 짜야 한다.

새누리당, 아직 잉여자산이 많다

새누리당의 오너 박근혜 대통령이 총체적 난국을 얼마나 잘 수습하느냐에 따라 다시 미래를 열 수 있다. 불만에 가득 찬 직원들 감싸주고 다른 회사로 이직한 유능한 직원들 다시 영입하고 혁신을 해야 한다.

맹종에 익숙한 무능한 임원과 직원들을 내보내고 불량 부품 만들어 내는 하청업체(조언 그룹) 교체하고 새롭게 라인업을 해야 한다. 문재인이 김종인을 데려 오듯이 박 대통령도 이재오, 이인제를 국무총리 또는 당 대표로 영입하는 발상의 전환도 마다하지 말아야 한다. 총선에 실패해 과반수를 획득하지 못했어도 박 대통령이나 새누리당이 3당 체제의 장점을 잘 활용하면 국정을 끌고 갈 수 있다.

이제 최소한 박근혜 독주라는 말은 나올 수가 없는 상황이 되었다. 되레 더 편한 마음으로 국가를 이끌고 나갈 수 있다. 이제는 '박근혜 대통령' 은 2004년 한나라당 천막당사 시절로 돌아가야 한다.

이한구, 새누리당을 불구덩이로 떨어지게 만들다

전영준

20대 총선 후 이한구 전 의원은 언론들과의 인터뷰에서 새누리당 총선 패배에 대해 본인의 잘못이 없다는 식의 변명으로 일관해 지탄을 받았다. 이한구 전 의원이 '전적으로 본인의 책임' 이라고 한 마디 만 하면 박 전 대통령과 김무성 전 대표에 대한 책임 논란에서 벗어나 '올 클리어' 될 것을 논란만 야기한 것이다.

이 전 의원은 2016년 4월 15일 조선일보와의 전화 인터뷰에서 "내가 이끌었던 '개혁 공천' 은 지금도 옳았다고 생각한다"며 "박근혜정부 후반기 국정 개혁을 위해 반드시 필요한 사람을 국회에 입성시켜야 한다는 기준만 있었을 뿐이다"라고 항변했다. 이한구 전 의원이 주장하는 '개혁 공천' 은 새누리당의 공천 과정을 보면서 그 어디에서나 찾아볼 수 없었다. 개혁 공천의 원칙도 기준도 없었다. 단지 미운 놈 솎아내는 보복만이 전개되었다.

과거 새누리당을 탈당한 사람에게 감점을 준다면서 후보에 따라 다르게 적용했다. 또한 여성과 청년을 우선 추천한다면서 적용한 곳이 소수였다. 그나마 그것도 친박 일색이었다. 여론조사와 면접 점수를 통해 경선에 올리겠다고 하면서 그 기준도 고무줄이었다. 여론조사에서 1등 한 후보가 경선에도 오르지 못하고, 지역 유권자에게 비판받는 사람이 공천을 받는 등 작태가 벌어졌다.

경선을 여론조사 결과로 한답시고 현역 한 명에 신인 세 명을 올려 현역이 압도적으로 경선을 통과하는 삼척동자도 웃을 일이 벌어졌다. 대구에서는 특정 후보를 낙천시키고 친박 후보를 공천 주기 위해 여론조사를 수 차례나 하는 무원칙한 일이 발생했다.

이한구 전 의원은 유승민 의원 '컷오프'에 대해서 "국가 운영에 대한 이념과 기준이 상반된 사람은 다른 정당에 있어야 한다는 생각에는 변함이 없다"고 항변했다. 유승민 의원의 이념과 사상이 새누리당에 상반된다고 주장하는 것은 웃음밖에 안 나오는 궤변이다. 이한구 전 의원은 솔직하게 박근혜 전 대통령에게 대들어서 주지 않겠다고 이야기하는 것이 옳았다고 본다.

유승민 의원이 주장하는 정책을 새누리당과 일치하지 않는다고 이념과 사상 운운하며 확대 해석해서 낙천의 논리로 삼은 것은 어불성설이다. 정체성이 불분명한 유승민 의원을 누가 19대 국회에서 공천했으며, 누가 19대 국회 전반기 국방위원장에 임명되도록 했는가 이 부분부터 해명되어야 했다.

국민들이 유승민 사태에 분노하는 것은 유승민 의원을 공천 주지 않았다는 것에 대해 그런 것이 아니다. 사적 감정이 작용해 3월 25일 후보 등록 마감 날까지 질질 끌며 공천 여부를 확정하지 않은 그 잔인함에 분노한 것이다. 새누리당 공천 과정 내내 유승민 이름으로 도배되어 새누리당을 싸가지 없는 정당으로 인식시킨 책임은 분명 이한구 전 의원에게 있다.

이한구 의원이 주장하는 공천위 내부에서 합의가 이뤄지지 않았기 때문에 시간이 지체된 것이었을 뿐이라고 변명하는 것은 당시 공관 위원들의 이야기를 들어보면 거짓말이다. 당시 공관 위원들 대다수는 유승민 공천 건에 대해 지역에서 지지율이 높으니 공천을 주든가, 아니면 경선에 올리든가 하라고 심사 초기부터 주장했던 것으로 알려졌다.

이한구 전 의원은 "20대 국회에는 경제와 안보 위기가 동시에 닥칠 것이기 때문에 당의 정체성에 적극 동의하면서 몸을 던져 일할 수 있는 사람을 찾으려고 했다"고 했다. 그러나 이는 터무니없는 말장난일 뿐이다. 경제와 안보 위기는 박근혜 대통령 혼자만이, 그 친위 세력만이 할 수 있는 것이 아니다. 박근혜 대통령과 새누리당을 지지한 외곽의 비박 세력들도 같이해야 할 수 있는 것이다.

이한구 전 의원은 새누리당 국회의원 후보 공천만을 하라고 임무가 주어진 것이 아니었다. 공천 과정에서의 갈등해소도 하는 중재자 역할의 임무도 있었다. 그는 되레 갈등만 조장했다.

더불어민주당의 김종인 대표는 공천 과정에서 무 자르듯이 공천의 칼도 휘둘렀지만, 낙천자는 물론 그 지지 세력도 아우르는 말과 행동도 같이 했다. 이한구 의원은 보수 진영을 대표하는 새누리당을 이끌고 불구덩이로 떨어지게 만든 장본인이다. 아무리 좋은 원칙과 논리,주장도 싸가지 없는 짓을 하면 인정받을 수 없다.

20대 총선은 근혜 대통령이 패한 것

김민상

2016년 4.13 총선 패배는 박근혜 대통령의 패배이다. 여소야대 정국에서 가장 큰 피해자는 박근혜 대통령으로 여대야소 정국에서도 야당의 반대로 식물국회가 되었는데, 여소야대 그것도 원내 제1당을 더민주에게 내주고 여당이 원내 제2당이 된 상황에서 앞으로 남은 임기 동안 국정을 어찌 운영해 갈 것인가 심히 걱정이다.

현재 새누리당의 패배에 대해서 친박들은 김무성 대표에게 화풀이를 하고 있지만 이번 선거는 모두의 책임이다.

친박들이 죽여 놓은 김무성은 이번 총선에서 선장으로 할 수 있는 일이 별로 없었다. 여당 대표가 차기 주자군에서 5순위권에 있는데 이런 정치인이 무슨 역할을 할 수 있었겠는가?

김무성이 미우나 고우나 새누리당 대표로 인정을 해주고 어느 정도까지는 국민들이 기대할 수 있게 해주고 총선에 임하게 했어야 했다고 본다. 이번 총선에서 여권은 차기 주자군이 보이지 않았다는 것도 패배의 원인이 되었다고 본다.

이번 총선에서 50대 이상 보수들과 보수 중도파가 등을 돌렸는데 이것이 무엇을 말해 주는 것인가? 친박들이 주장하는 대로 김무성이 미워서 보수들이 등을 돌렸다는 것도 일리는 있을 것이다. 그러나 보수 중도가 등을 완전히 돌린 것에 대해서는 어떻게 말할 것인가?

이번 총선은 여당과 정권에 대한 중간 심판의 성격도 있다. 이때 박근혜 대통령은 레임덕만 우려했지 이번 총선을 이끌 차기 지도자 군을 키워 내지 못했다. 박근혜 대통령이 선거의 여왕이 될 수 있었던 것은 차기 지도자감이란 인식이 국민들에게 심어져 있었으므로, 차기 지도자감을 살려내기 위해 국민들이 박근혜 대통령을 차기 지도자감으로 보고서라도 표를 주었기 때문일 것이다.

국민들은 이번 선거에서 박근혜 대통령을 보고서 투표하지 않고 미래를 보고서 투표를 하게 되어 있었다. 그러나 필자는 새누리당에 미래를 맡길 만한 인물이 없다고 국민들이 생각을 하고 등을 돌린 것이 제일 큰 패배의 원인이라고 본다.

야권에서는 차기 지도자감이 총선을 진두지휘하는 데 반해, 새누리당은 친박들이 김무성을 죽여 놓고서 이번 선거에서 승리할 수 있는가 보자고만 하고 있었으니 패하는 것은 지극히 당연한 일이었다.

이번 선거는 무조건 박근혜 대통령이 패한 것이다. 이것을 인정하고 들어가야 차기 대선에서 승리할 수 있을 것이다. 친박들이 김무성이 때문에 선거를 패했다는 식으로 김무성 탓만 해서는 박근혜 대통령은 정권 교체를 당하는 대통령으로 기록될 수도 있다.

차기 지도감 없는 총선에서 패배는 사필귀정이다. 문재인, 안철수라는 차기 지도자감이 확실하게 있는 야권이 이번 선거에서 승리한 원인은 박근혜 대통령과 새누리당에 국민들이 심판을 한 것이기 이전에 분명한 승리 요건이 되는 것이다.

현직 대통령의 성공 여부는 바로 정권을 재창출했는가에도 달려 있다. 그런 의미에서 친박들이 실패한 대통령이라고 하는 이명박 전 대통령은 정권을 재창출시킨 대통령이니 성공한 대통령으로 기록되어야 할 것이다.

필자는 차기 대선에서 박근혜 대통령도 여당이 대선 승리를 하여 정권을 재창출시키고, 성공한 대통령의 반열에 오를 것이라는 데는 의심의 여지가 없다. 그러나 이번 총선에서 친박들이 뼈저린 반성이 있어야 한다는 가정에서다.

우리나라 국민들은 사촌이 땅을 사면 배 아파하는 근성이 있으므로 한 쪽이 일방적으로 잘 되는 꼴을 보지 못한다. 즉, 19대 대선에서는 새누리당이 승리할 것으로 전망하는 이유이다. 차기 대선에서 승리를 하려면 우선 새누리당 내에서 친박 · 비박으로 싸우는 모습을 보여 주지 말아야 가능하다.

지금처럼 친박 · 비박 싸움질로는 차기 대선도 물 건너갈 수 있다. 이번에는 무조건 새누리당과 정부가 싫다고 야당에 묻지도 따지지도 않고 덮어놓고 투표를 하였다.

야권은 총선 승리에 도취돼서 또 무리수를 남발할 것인데, 이것을 새누리당은 단합해서 잘만 대처하면 대선에서는 승리할 것이다. 박근혜 대통령 또한 레임덕 걱정하지 말고 국가와 국민만 보고서 국정을 이끌어 나가면 될 것이다. 19대도 말로만 여대야소 국회였지 국회선진화법으로 인해 야대여소 국회나 마찬가지였다.

새누리당에서 공천을 주지 않아 탈당한 무소속 당선자들을 속히 복당시켜서 원내 제1당의 지위를 회복시키고, 이제부터 계파의 이익을 위해서 싸우지 말고 단합해서 나간다면 차기 대선에서는 반드시 승리할 것이다. 그렇지 않고 계속적으로 친박 · 비박 싸움질만 하다가는 차기 대선도 패배할 것임을 친박들은 알아야 한다. 이제는 당을 잘 수습해서 단합된 힘으로 거대 야당에 맞서 싸워 나가길 기대해 본다.

제3부

최순실사태는 박근혜사태다

최순실사태, 광우뺑 난동과 차원이 다르다

정재훈

최순실사태는 정권을 넘어 국격이 추락했기에 용서하고 말고 할 일이 아니다. 그럼에도 이명박정부 초기에 발생한 '광우뺑 난동' 과 '최순실사태' 를 비교하는 주장들이 간혹 보인다. 세계가 관심을 보이는 것과 정권의 근간을 흔들고 있는 양상이 유사해 그렇지 두 사태의 원인과 주체, 진행 방향은 천양지차다. 그 다섯 가지 다른 이유를 알아보자.

하나, 광우뺑 난동은 세계인이 다 먹는 미국산 쇠고기를 마치 독극물처럼 날조해 국제사회를 어리둥절하게 한 반면, 최순실사태는 비정상적인 국정 개입과 비리 혐의가 명백히 드러나 유럽은 물론 민주주의 역사가 보잘 것 없는 동남아 국가까지도 실소를 보내고 있다.

둘, 미국산 쇠고기 협상은 전 정권이 추진한 사안으로 이명박 대통령은 이어받는 게 당연했고, 최순실사태는 박근혜 대통령과 연관된 지인의 있을 수 없는 국정 개입이므로 그 성질이 다르다.

셋, 광우뻥 난동은 상식이 있는 국민이라면 납득하지 않았고, 특히 이명박을 대통령으로 등극시킨 애국 진영이 적극 엄호한 반면, 최순실사태는 애국 진영조차 6할 이상이 비판하고 있으며, 실망감은 이루 말할 수 없어 차원이 다르다. 특히 '애국 진영 인물이 아닌, 지인 관계의 여인네가 연설문까지 관여했다는 건 도저히 묵과할 수 없다' 는 인식이 지배적이다.

넷, 광우뻥 난동은 보수 정권을 흔들기 위한 술수라는 견해가 힘을 얻었고 어느 정도 예견된 일이었으나, 최순실사태는 집권 3년 8개월 내내 지속된 일이고, 대통령의 능력을 의심케 하는 사태라 비교 대상이 아니다. 게다가 최순실은 박정희 대통령마저 경계한 최태민의 딸이다.

다섯, 광우뻥 난동은 '비 온 뒤에 땅이 굳듯 이명박정권에게 좋은 약이 된 반면, 최순실사태는 집권 후반기에 접어든 박근혜정권에게 치명타가 되고 말았다.

국내는 물론 국제사회조차 '과연 저런 일들이 민주주의 국가이자 OECD 가입국인 한국에서 가능해?' 하는 조롱이 쏟아져 국가원수의 권위가 무너졌기에 비교 불가다. 단순한 비리가 아닌 대통령의 리더십과 추진력이 타격을 받았고, 정권을 넘어 국격이 추락했기에 용서하고 말고 할 일이 아니다.

조자룡 족자簇子까지 선물했던 중국(언론)은 태도를 바꿔 '꼭두각시와 조종' 이라는 표현까지 서슴지 않고 있다. 일본을 3년 8개월 동안 방문하지 않고 여러 차례 방문한 중국이 말이다. 다 자업자득이다.

'십상시'와 '지라시' 뒤에 숨은 진실은?

한정석

온 나라가 들썩거렸다. 대통령의 측근들이 뿜어내는 독기와 독설에 국민은 귀가 따갑고 눈이 아프다. '십상시十常侍'라 불리는 청와대 3인방 비서관들과 정윤회 씨, 그리고 자칭 '짖는 개'라는 공직 기강 비서관과 대통령의 남동생이 '지라시'를 놓고 벌이는 진흙탕 싸움에 국민은 없었다.

사건의 요체도 본질도 파악하기 어렵다. 청와대 공직기강실의 감찰 문건이 어느 날 '지라시'라 불리더니 청와대 파견 경찰관이 자살하는 황당한 사건도 벌어졌다. 수없이 반복되는 사건의 줄기에서는 밝히고 숨기고 하는 과정에서 끊임없이 곁가지들이 생성됐다. 그럼에도 여전히 청와대 비선 실세 투쟁은 '왜?'라는 물음이 생략돼 있다. 그리고 이 모든 요란한 사건은 결국 '나는 결백하다'고 처음 주장했던, 그 지라시 문건의 작성자 박관천 경정의 단독 조작극으로 막을 내리게 됐다.

규명되야 할 것들은 여전히 많다. 박 경정에게 적용된 죄는 '대통령기

록물관리법' 위반과 공용 서류 은닉, 무고죄 등이다. 정씨의 박지만 회장 미행설이 담긴 허위 문건을 박 회장에게 전달한 데 대해서는 허위 사실 적시에 의한 명예훼손죄 적용을 검토 중이다. 그러나 단지 경찰에 불과한 그가 왜 그런 엄청난 일을 저질렀는지는 여전히 수수께끼다.

언론에 문건을 유출했다는 최 경위는 정작 유서로 자신의 억울함을 고하고 자살했다. 마치 한 편의 서스펜스 음모 영화 같은 이 사건에서, 정윤회와 박지만은 마치 영화 포스터 속의 주인공이나 되는 듯한 표정으로 등장했다. 그들은 역사의 라이벌이라도 되는가.

더 이해할 수 없는 것은 대통령에 의해 기용된 사람들이 역으로 대통령을 궁지에 몰아넣는 발언을 서슴없이 해왔다는 점이다. 유진룡 전 문체부 장관은 대통령의 업무 지시를 마치 부당한 인사 개입인 양 언급했고, 조응천 전 공직기강비서관은 대통령이 지라시 수준이라고 말한 문건에 대해 '6할 이상이 진실' 이라고 말했다.

이 사건에 대해 관측통들은 청와대에 파견된 박 경정이 자신의 상관인 조 전 비서관을 이용해 반대 세력으로 여겼던 청와대 '실세 3인방(이재만 · 정호성 · 안봉근)' 과 정윤회 씨, 박지만 EG 회장 등을 서로 이간질시켜 '비선 실세 국정 개입 의혹' 을 사전 기획했을 가능성에 무게를 두고 있다. 그 이유는 여전히 밝혀지지 않았다.

다만, 그가 그 나름 능력을 인정받는 데다 저돌적이고 인정 욕구가 강한 성격의 소유자라는 점에서, 박지만 회장을 중심으로 정윤회 씨와 비서관 3인방을 축출하고 좀 더 권력의 핵심부로 다가가려 했던 것이 아닌가 하는 조심스러운 관측이 있을 뿐이다. 그런 과정에서 '양천 그룹(박관천 · 조응천)' 내에 일원으로 활동했다는 세계일보의 특정 언론인도 이 기획에 가담했을 것으로 검찰은 보고 있다.

대통령은 이번 사건에서 침묵으로 일관했다. 김기춘 청와대 비서실장 역시 아무런 언급이나 행동을 보이지 않았다. 측근들의 권력 암투가 음지가 아닌 양지에서 벌어진 과정에서 대통령의 권위는 땅에 떨어졌다. 지지율이 바닥이라는 30퍼센트 선에 접근했던 것이다. 대통령이 이제 이 문제를 어떻게 수습할 것인지는 지켜봐야 하겠지만, 어떤 묘수를 쓰더라도 대통령이 입은 권위의 상처는 쉽게 아물 것 같지 않다.

'외교적 문제' 확산은 경계해야 할 일

무엇보다 정윤회 씨와 특별한 관계를 언급했던 산케이신문 보도는 재판 과정에서 그 변수가 더 커졌다. 시민단체의 고발로 재판 중인 산케이신문의 박근혜 대통령 추문 의혹 보도에 대해 정작 박근혜 대통령은 제3자의 명예훼손 고발 사건임에도 아직 처벌을 원한다든지, 아니라든지 하는 의견을 내지 않았다.

그러던 와중에 터진 이번 사건으로 정윤회 씨는 비서실 3인방과 보이지 않는 비선 실세를 형성하고 있음이 모두 공개됐고, 대통령은 산케이신문 재판에 상당히 곤혹스러운 입장을 맞게 됐다. 이 재판에서 산케이 측이 무죄가 될 경우 대통령은 국제적 망신을 당할 처지다. 유죄가 난다면 산케이신문은 항소할 것이고, 이미 이 사건을 '외교적 문제'라고 말한 일본과의 관계는 더 첨예해질 수밖에 없다.

어느 나라든 비선이 없는 집권 세력은 없다. 정치권력의 속성상 최고 권력의 주변에는 어떤 형태로든 정무 조직은 존재할 수밖에 없다. 다만 그것이 공식적인 자리에 있는 자들로 이루어진 조직인지, 아니면 비공식적 자리에 있는 자들로 꾸며진 비밀 조직인지의 차이만 존재한다. 존 F. 케네디 대통령도 자신의 동생을 보이지 않는 정무 책임자로 활용한 것으로 알려져 있다.

미 중앙정보국 내 비선 조직, 이른바 '팀B'는 CIA와 공식적으로는 아무런 관계도 없이 활동하지만, CIA의 전략을 지속적으로 비판하며 교란하는 테스터 역할을 맡는다. 그래서 흔히 우리가 음모론으로 지목하는 많은 루머들이 다름 아닌 이 '팀B'에 의해 흘러나온다는 것이 위키리크스를 통해 알려지기도 했다.

문제는 비선이란 그야말로 비선이야 한다는 것이고, 이 비선 조직에 의한 정무 결정 역시 모두 대통령의 책임이라는 엄연한 사실이다. 대통령이 자신의 비선 그룹의 행위를 '나는 모르는 일'이라고 하는 순간, 대통령의 모든 권위는 땅에 떨어지게 되어 있다. 그런 점에서 차라리 침묵으로 일관하며 '고통이 끝이 없다'고 솔직히 고백한 박근혜 대통령은 현명했는지도 모른다.

하지만 이번 국정 농단 지라시 사건은 하루속히 정리가 되어야 한다. 이 사건은 결국 '양천 모임'이라는 친 박지만 회장 그룹의 패배로 결론이 날 가능성이 높아 보인다. 대통령은 어쨌든 자신과 오래 일해 온 그룹의 손을 들어준 정황이 곳곳에서 보이기 때문이다.

그렇다면 박지만 회장도 결심을 해야 한다. 서운하고 말고의 일이 아니며, 더 이상 대통령의 권위가 손상되는 일들이 벌어져서는 곤란하다. 박지만 회장은 차라리 자신의 모든 활동과 가산을 정리하고, 박근혜 대통령의 임기 동안 대통령을 떠나 있는 것이 현명할 수도 있다. 박 대통령이 박정희 대통령처럼 장기간 권력을 잡을 수 있는 것도 아니고, 임기 말이 다가올수록 레임덕에 의한 여러 공격들을 피할 수 없게 된다. 그런 한가운데 박지만 회장도 있다. 안분자족安分自足하는 것이 자신의 행복을 유지하는 가장 현명한 길이다.

박근혜정부는 최순실사태를 막을 수 있는 기회가 여러 번 있었다

고성혁

이미 끝났다. 2017년 3월 10일 헌법재판소에서 8:0으로 피고인 박근혜에 대해 파면을 결정했다. 헌재에서 탄핵을 결정한 순간은 우파에게는 고난의 행군 시작을 알리는 신호탄이었다. 결국 2017년 5월 9일 대선에서 홍준표 후보는 문재인 후보에게 패했다. 대한민국 정치의 큰 물결이 우에서 좌로 대회전했다. 탄핵 선고 후 사법부 판결도 마찬가지였다. 2심 재판부는 판결을 통해 박근혜 전 대통령에게 징역 25년, 벌금 200억 원 추징을 선고했다.

돌이켜보면 탄핵을 피할 수도 있었다. 만약 탄핵심판으로 가지 않고 하야를 했다면 말이다. 물론 그렇다고 해도 여타 사법적 판단까지 피할 수는 없었을 것이다. 의회 권력, 청와대, 언론 권력, 사법부 권력까지 좌로 넘어간 마당에 온전히 넘어가길 원하는 것 자체가 난센스일 것이다. 그렇다 하더라도 하야를 했다면 헌정사에 '탄핵 대통령' 이라는 오명은 뒤집어 쓰지 않을 수 있었다.

아직도 보수우파 진영 사람들 중에는 "박근혜가 잘못한 것이 무엇이 있느냐?" "박근혜는 정치적으로 판결 받은 것이지 형법에 잘못한 것은 하나도 없다" "박근혜가 돈 받은 건 없다"라고 말한다. 이것은 한 마디로 현실감각이라고는 눈꼽만큼도 없는 소리다. 헌법재판소 평결 이후 박근혜 측근과 관련자들은 거의 대부분 유죄판결을 받았다. 그 근본적 책임은 누구에게 있을까? 바로 박근혜 대통령 자신이다. 형법상 죄목보다 가장 큰 죄는 바로 탄핵받은 죄다.

2009년 5월 23일, 노무현 전 대통령이 자살했을 때 좌파 진영 사람들은 '우리가 대통령님을 지켜드리지 못해 죄송하다' 며 눈물을 흘렸다. 그런 사람들을 보면서 우파 쪽에서는 쓴웃음을 지었다. 대통령은 정치의 최고 절정에 있기 때문에 일개 국민들이 지키고 말고 할 것이 아니기 때문이다. 대통령은 자신의 정치력으로 정권을 지켜야 하는 최고 수장이다.

정치적인 것뿐만 아니라 헌재에서조차 탄핵 평결 받은 것 자체가 박근혜에게는 유죄다. 측근 관리를 잘못했고, 여당 관리도 잘못했으며, 반대세력에 대해 정치적 타협이나 공격도 하지 못했다. 필자가 생각하는 그 무엇보다 더 큰 죄는 부모님의 얼굴에 먹칠을 한 죄다. 우정본부는 최근 박정희 대통령 탄신 100주년 기념우표 발행을 취소했다. 우파는 격앙하면서 비판의 목소리를 높였다. 그러나 달리 생각해 보면 근본적 책임은 누구에게 있나? 만약 탄핵을 안 당하고 정치를 잘했다면 박정희 대통령 탄생 100주년 기념우표 발행이 취소됐겠느냐 말이다.

탄핵 사건의 결정적 역할을 한 것은 태블릿PC와 최순실 씨였다. 이번 사건을 되새겨 보면 박근혜정부는 이번 사태를 막을 수 있는 기회가 여러 번 있었다. 최순실의 존재가 국민들에게 처음 알려진 것은 2015년 1월이었다. 최씨의 남편인 정윤회 국정농단 문건 유출 혐의로 구속된 박관천 경정이 검찰 수사를 받는 과정에서 "우리나라의 권력 서열이 어떻게 되는 줄 아느냐? 최순실 씨가 1위, 정씨가 2위이며 박근혜 대통령은 3위에 불과하다"라는 말을 했다. 최순실의 존재가 이런 식으로 세상에 알려졌는데도 박근혜정부는 안이하게 대처했다. 최씨가 관여한 미르와 더블루케이 재단은 그로부터 1년 뒤에 세워졌다.

이런 사실을 알게 되었을 때 박근혜는 무슨 생각으로 최순실을 가까이 두었는지 미쳤다고 볼 수밖에 없다. 2017년 4월 고영태 계좌에 수천만 원 상당의 자금 흐름이 포착돼 검찰이 수사에 나섰다. 고씨는 2015년 말에 세관장 후보로 A씨를 최순실에게 추천했고, 그 결과 A씨가 임명되었고, 관세청 간부 2명에 대한 인사에도 개입된 의혹이 있다.

결국 고영태는 구속되었다. 현재까지의 재판 진행 과정을 보면 최순실의 국정농단은 사실로 굳어지고 있으며 박근혜는 이를 방치했다. 그 결과 총선에서도 참패하고 정권은 넘어갔다. 19대 대선에 출마했던 남재준 전 국정원장은 언론과의 인터뷰에서 '최순실의 존재를 알았다면 권총이라도 들고 청와대로 들어갔을 것' 이라고 말한 바 있다. 그 말이 사실이라면 남재준은 무능력한 국정원장으로 해석할 수도 있다. 그렇게 말한 남재준 자신도 구속되어 유죄 판결을 받았다.

2016년 말, 국회가 탄핵소추안을 가결시켰을 때 일부 우파 진영 사람들은 차라리 잘 되었다며 환호를 질렀다. 탄핵은 말도 안 되기 때문에 헌법재판소에서 올바른 판결을 할 것이라 믿었기 때문이다. 필자는 그런 상황에서도 불안감을 지울 수 없었다. 국회가 법을 모르기 때문에 대통령을 탄핵했을까? 자신이 있기에 탄핵을 한 것이다. 2016년 11월 말 친박 좌장이라는 서청원, 최경환 의원이 대통령 퇴진을 주장하다 친박 국민들에게 비난을 받았다. 하지만 결과적으로 봤을 때 그들의 주장이 옳았다. 탄핵보다는 하야하는 게 박근혜 본인이나 국가의 명예를 위해서도 옳은 일이었다.

탄핵 사건에서 가장 큰 변수는 태극기집회였다. 우파 진영 국민들이 처음으로 광장에 나와 목소리를 내기 시작한 것인데 그 규모는 역대 급으로 가장 컸다. 국민 여론과 언론을 통해 대통령을 탄핵한 것이라면 태극기집회를 통해 헌정질서를 바로잡는 것도 중요했다. 하지만 결과는 참패였다. 태극기집회는 여론을 정치세력화하는 데 실패했다. 좌파진영은 촛불집회를 정치세력화했으며 언론 보도도 정치세력화하여 여론을 무섭게 끌어모았다. 태극기집회가 정치세력화하지 못한 이유로는 집회를 이끈 탄기국 지도부의 책임이 가장 크다. 최소 수십억 원대의 후원금 속에서도 공식 홈페이지 하나 운영하지 않았으며 방향성도 없었다. 그저 때가 되면 대한문에 모여 집회를 개최한 수준에서 진일보하지 못한 것이다. 태극기집회를 정치세력화하기 위해서는 자유한국당과의 연대는 필수였고, 그러기 위해서는 현역 의원들을 광장으로 끌고 나와 광장의 민심을 정치력으로 무장시켜야 했다.

그러나 태극기집회가 절정에 달하던 2017년 1월 중순경에 박사모 카페는 현역 의원들이 연단에 서서 연설을 해도 될지를 회원들에게 설문조사를 했다. 지도부의 무능력이고 비겁한 행위라 하지 않을 수 없다. 결국 대선을 앞둔 시점에 창당을 선언하고 조원진 의원이 합세하자 대선후보를 내고 모든 에너지를 선거운동에 소모시켰다. 그리고 내분으로 갈라져 다시 창당을 하겠다며 나섰고, 지지세력들은 박근혜 석방을 외쳤다.

"대한민국의 주권은 국민에게 있고, 모든 권력은 국민으로부터 나온다." 헌법 제1조 2항 내용이다. 우파 진영은 이 조문의 뜻을 제대로 해석했어야 한다. 국가의 주권은 국민에게 있지만 그 실체는 국민으로부터 주권을 위임 받은 대통령에게 있으며, 국민으로부터 권력이 나온다는 것은 선거에 대한 정당성에 불과하며 실질적인 권력의 실체는 정치세력화한 집단으로부터 나온다. 환경단체, 전교조, 강성노조, 참여연대 등 이러한 단체들의 특징은 정치세력화에 성공했다는 것이다. 전교조는 박근혜정부에서 법외노조로 힘이 꺾이긴 했으나 정치적 영향력은 큰 타격을 받지 않았다. 매년 계속되는 노조의 불법 파업에 대해 대기업들이 노조 편을 들어줄 수밖에 없는 것도 대기업보다 노조의 정치력이 더 강하기 때문이다.

그러면 보수우파 진영에서 정치세력화에 성공한 단체로 어디를 들 수 있을까? '자유기업원'과 '바른사회시민회의'도 겨우 명맥을 이어가는 수준이다. 어버이연합 등 대부분의 우파 단체는 거의 소멸되었다. 이제는 현실을 인정하고 받아들여야 한다. 박근혜 전 대통령은 정치력이 부족해 탄핵을 받았고 그 자체만으로도 그는 죄인이다. 자유한국당과 보수우파 단체들도 죄인이나 다름없다. 실패를 인정하고 와신상담을 통해 패배를 극복해야 한다.

보수우파 진영의 오피니언 리더들도 문제가 많다. 그들은 해야 할 말을 하지 않으면서 순진한 시민들을 선동하고 있다. 실패를 인정하지 못하면 반성과 성찰도 없다. 지금과 같은 모습으로는 실패한 박근혜정부와 함께 순장당하는 길밖에 없다.

최태민 일가에 대한 고마움은 대통령 되기까지 지킨 의리로도 충분

전영준

최태민 일가의 박 대통령에 대한 의리만큼 박 대통령도 최태민 일가에게 의리를 지켰다.

지난 27일 세계일보의 '청 비서실장 교체설 등 관련 VIP 측근(정윤회) 동향' 보고서를 '대통령공직기강비서관실'이 작성했다고 보도가 나가자 일파만파 파장이 크다. 비선 실세 의혹을 받고 있는 정윤회 씨가 박 대통령의 측근인 청와대 안팎의 이른바 '십상시' 멤버들과 정기적으로 만나 국정에 개입했다는 내용의 보도다.

청와대 문건 유출 사건은 결국 '가까운 이웃(정윤회)이 멀었던 친척(박지만)보다 낫다'에서 비롯한 권력투쟁의 결과물이란 생각이 든다. 3일 김창균 조선일보 논설위원도 "'정윤회 개입설' 나온 배경이 문제다"라는 칼럼에서 "박 대통령의 동생 박지만 회장은 사정 당국자와의 대화에서 정윤회 씨의 국정 개입을 주장하며 '피보다 더 진한 물이 있더라'는 말을 했다"고 전했다.

박 대통령이 10.26사태 이후 어려움에 빠져 있던 18년 동안 최태민 목사 일가에게 도움을 받고 의지하며 보낸 것은 맞다. 여동생 박근령의 이혼과 박지만의 마약 사건 등 집안의 풍비박산, 아버지 부하들과 추종자들의 배신과 몰인정, 그 상태에서 최태민 일가는 끝까지 의리를 지켰다. 박근혜 대통령의 처지에서 볼 때 최태민 일가에게는 내가 갖고 있는 모든 재산을 주어도 아깝지 않은 머나먼 친척보다 나은 가까운 이웃이었다고 본다.

박 대통령의 동생 박근령과 대립했던 1990년 육영재단 분란의 배경에도 최태민과 그의 딸 최순실의 전횡 논란이 있었다. 하지만 박근혜 대통령은 1990년 11월 당시 육영재단 이사장에서 물러나면서 "누구에게 조종 받는다는 것은 내 인격에 대한 모독"이라며 의혹을 일축했다.

박근혜 대통령은 2007년 7월 대선후보 검증 청문회에서 최태민 목사에 대해 "어머니가 돌아가신 뒤 힘들었을 때 흔들리지 않고 바로설 수 있도록 도와준 고마운 분"이라고 옹호했다. 이어 박 대통령은 정윤회 씨에 대해서도 "능력이 있는 분이기에 나중에 당선되면 쓸 수 있다고 본다"고 말해 정윤회 씨에 대한 무한 신뢰를 보냈다.

박 대통령은 2007년 경선에서 떨어진 뒤 사석에서 정윤회 씨에 대해 "나를 도와주셨고 능력도 갖췄는데 나 때문에 오히려 물러났다"고 밝힌 것으로 알려졌다.

그러나 세상이 바뀌었다. 박근혜 대통령은 스스로 되고자 했고, 지지자들이 바랐던 대통령이 되었다. 대통령이란 자리는 과거에 대한 고마움 때문에 잘못된 것도 끝까지 보듬어서도 안 되는 것이다. 또한 자리에 걸맞지 않는 사람을 신뢰와 신의, 충직하다고 곁에 두고 다른 미션을 주어서도 안 된다. 대통령은 천하의 인재들을 모아 이해관계가 다른 집단을 조율하여 국가의 미래를 위해 몸을 던져야 하는 자리다.

박근혜 대통령은 최태민 일가에 대한 고마움과 신뢰, 신의는 이제 다른 방법으로 나타내도 된다. 보도된 최태민 목사 일가 재산 규모를 보면 과연 최태민 일가가 정당하게 부를 축적했는지 의문이다. 결국은 박 대통령의 후광으로 부를 만들었고 영화를 누리고 있다고 본다. 따라서 박 대통령의 최태민 일가에 대한 고마움은 박 대통령이 대통령되기까지 지킨 의리만 갖고도 충분하다. 즉 최태민 일가만 박근혜 대통령에게 의리를 지킨 것이 아니라 박 대통령도 온갖 험악한 소리를 들으면서 충분히 의리를 지켰다고 본다.

시간이 지나 최태민 일가, 특히 정윤회 씨는 박 대통령을 돌보겠다는 일념이 정치적 야망으로 돌변하는 모습을 발견할 수 있다. 그것은 박 대통령이나 국가나 정윤회 씨 본인 자신에게 해악을 가져다주는 일이다.

새 술은 새 부대에, 창업과 수성의 주역은 따로따로란 말이 있다. 이제 박 대통령은 구국이란 대의大義에서 최태민 일가, 특히 정윤회 씨와 비서관 3인방과 결별을 해야 한다. 과거 역대 대통령은 꼭 오래된 측근들만 곁에 두지 않았다. 새로운 정치 상황에 맞게 인재를 모아 옆에 두었다.

박 대통령은 오랫동안 정치를 해왔다. 청와대의 행정관을 직접 임명할 정도로 많은 인맥을 형성하고 있다. 이들 3인방 외에도 출중한 인재들이 누구인지도 안다. 절체절명의 국가 위기에서 자꾸 인간적 정분을 강조하면 박 대통령을 지지했던 세력들도 떠난다.

정윤회 씨는 청와대 3인방과는 전화도 안 한다는 해명과는 달리 이재만 총무비서관과 연락을 하고 지냈음이 드러났다. 검찰 수사가 공명정대하게 이루어지면 정윤회 씨의 억울한 누명이 깨끗하게 벗겨질 것으로 기대하는 듯하지만, 수사를 하다 보면 과거와 관련된 무엇이 터질지 모른다.

김창균 논설위원은 "박 대통령의 힘이 건재한 이 시점에서 대통령이 원하는 방식으로 '실세론'을 잠재울 수 있을지 모르지만, 집권 후반기로 접어들면 정권을 뿌리째 뒤흔드는 태풍으로 다가올 수 있다"며 박 대통령의 적극적인 해결을 주문했다. 결국은 박 대통령이 정윤회 씨 및 비서관 3인방과 정치적 결별을 해야 한다는 결론에 이른다. 문고리 비서관 3인방을 쳐내지 않고는 정윤회 씨의 국정 개입설을 차단할 수 없다는 것이다.

이제 청와대 보좌진을 시스템에 따라 임명하고 내부적으로 공평하고 합리적으로 운영해야 한다. 장·차관 등 인재들도 미래를 내다보고 발굴하고 등용하고 육성해야 한다. 박근혜 대통령은 어제 "세상 마치는 날이 고민 끝나는 날"이라고 속내를 드러냈다. 그러나 박 대통령이 뒤에 국민과 열정적인 지지자들이 있다는 것을 안다면, 사이비 세력들의 온갖 위협과 협박에 두려워 할 필요는 없다.

최순실사태로 가려진 외교 안보 문제들

고성혁

'최순실사태' 로 외교 안보 관련 이슈는 수면 밑으로 가라앉았다. 집중포화를 맞고 있는 곳은 문화체육관광부이지만 드러나지 않은 내상을 입은 곳은 사실 외교통상부다. 청와대는 2016년 11월 19일 페루 리마에서 개최되는 APEC 정상회의에 박근혜 대통령은 불참하기로 했다고 발표했다. 아시아태평양경제협력체(APEC) 정상회의는 지난 23년간 한국이 주도적 위치에서 참여한 가운데 불참은 이번이 처음이다. 게다가 이번 미국의 대선은 한국 언론들의 예상을 완전히 뒤엎고 트럼프가 승리했다.

트럼프의 등장으로 한국은 외교의 기틀을 완전히 새로 짜야 한다. 그러나 현재 한국 외교는 길을 잃고 헤매고 있다. 돌이켜보면 2015년 중국 전승절 행사에 박 대통령이 시진핑 중국 국가주석과 함께 중국군을 사열한 모습은 외교사적으로는 경악 그 자체였다. 박근혜정부는 한미동맹을 굳건히 하면 될 것을 중국에 대해 양다리 외교를 펼치는 치명적 실수를 저질렀다. 트럼프의 당선으로 어떤 결과가 초래될지 전혀 알 수 없는 상태가 되었다.

박 대통령은 재임 기간 중 일본을 국빈 방문한 적이 없다. 아베 총리와는 국제회의에서의 만남을 제외하고는 별도로 단독 회담조차 하지 않았다. 북핵 문제와 세계경제 문제가 주 안건이었던 '2016 G7 정상회담'이 일본에서 있었다. 아베 총리는 박 대통령을 초청했다. 대한민국의 지위가 G7 바로 다음 클래스에 해당하는 나라 중에 선두이기 때문이다. 자유민주주의 국가 중에 인구 5000만에 경제 규모 등을 감안할 때 그렇다는 말이다. 그런데 박 대통령은 G7 정상회담에 가지 않았다. 선약이 있다는 이유였다.

박 대통령은 같은 기간 아프리카 대륙의 에티오피아와 우간다, 케냐를 방문했다. 보통 국가 정상회담은 일 년 전부터 기획된다. 따라서 얼마든지 조율을 할 수 있었다. 설사 아프리카 방문 계획이 있더라도 일정을 조정해 G7 정상회담에 참가하는 것이 한미일 동맹을 감안한다면 당연한 것이다. 외교만큼은 아주 제대로 망쳤다고 해도 과언이 아니다. 실제로 박 대통령은 정해졌던 한미정상회담조차도 전염병 메르스를 핑계로 갑자기 취소한 바도 있다. 그것은 이해한다손치더라도 오래 전부터 예정된 G7 정상회담 기간에 굳이 아프리카로 가기로 정했다는 것은 선뜻 이해하기 어렵다. 우연일지는 몰라도 특정 종교 교주가 2012년에 에티오피아를 방문하고 그 나라 대통령을 만났었다는 것을 생각하면 의구심을 떨치기가 힘들다. 현재 한국은 급변하는 국제 정세에 대처할 준비가 전혀 되어 있지 않다. 그러는 가운데 한반도를 둘러싼 각국의 물밑 접촉은 현재도 숨 가쁘게 진행되고 있다.

심상찮은 미 · 북 물밑 접촉

2016년 10월 21일과 22일 이틀간, 미국과 북한이 말레이시아에서 비밀회담을 하는 것을 KBS가 특종 보도했다. 비밀회담의 미국 측 인사는 민간인이라고 하지만, 그 면면은 북한 문제 관련 미국 내 최고 권위자들이다. 로버트 갈루치는 클린턴 행정부 때인 1994년 1차 북핵 위기에서 '미 · 북 제네바 합의' 주역이었다. 또 다른 한 사람은 6자회담 차석대표를 지낸 북핵 전문가 조지프 디트라니 전前 미국 국가정보국(DNI) 비확산센터 소장이다.

미국의 국가정보국(DNI)은 외교안보정책 결정의 가장 밑그림을 그리는 정보를 담당한다. 이들의 카운터 파트너는 북한에서 미국 전문가로 통하는 장일훈 유엔 주재 북한대표부 차석대사와 한성렬 현 북한의 외무성 미국 국장이다. 한성렬은 1993년부터 유엔 주재 북한대표부 공사로 부임한 이후 2013년까지 유엔에서 북한의 차석대사로 일했다. 장일훈은 1989년 북한 외무성 미국局에서 일한 이후, 현재는 한성렬의 뒤를 이어 유엔 북한대표부 차석대사로 부임했다. 이들은 미국에 관한 한 북한의 최고 권위자이자 실세다.

미국과 북한간에는 지난 1월, 4차 핵실험 전에 미국이 북한과 평화 회담을 전제로 만남이 있었다고 언론에 보도된 적이 있다. 그렇다면 이번 미 · 북 회담도 평화 회담의 전제 가능성을 전혀 배제할 수 없다는 점이다. 한국의 언론들은 전문가들의 견해를 빌려 이번 미 · 북 비공식 대화에 대해 미국의 전형적인 투트랙 외교라고 말한다. 공식 회담과 비공식

회담을 병행하는 것을 말한다. 마치 남의 나라 일처럼 말한다. 그러나 북한에 대해서라면 사정이 다르다. 한국이 배제된 미 · 북 대화는 자칫 잘못하면 돌이킬 수 없는 최악의 상태로 빠질 수 있기 때문이다. 미 · 북 비공식 회담을 보면 마치 1968년 미 · 월맹 간 '파리회담' 을 보는 데자뷰 느낌이 난다. 1968년 월맹은 대규모 공세를 펼쳤다. 바로 월남전의 분수령이 되는 '구정 공세' 다. 베트콩은 사이공의 미 대사관 담을 넘어서 본관까지 공격하기에 이르렀다. 사이공 미 대사관 정원에 널브러진 베트콩의 시체가 그대로 미국인들의 안방까지 비쳐졌다.

미국은 월맹의 수도인 하노이를 대규모로 폭격했다. 겉으로는 군사적 충돌이 격해졌지만, 뒤로는 미국과 월맹은 회담을 가졌다. 1968년 파리에서 첫 번째 회담을 개최한 이후 1969년 키신저가 미국 국가안보담당 대통령보좌관이 되면서 급진전했다. 1973년 파리에서 키신저와 월맹의 레둑토(Le Duc Tho, 黎德壽)는 평화 협정을 성사시켰다. 미국과 월맹의 평화 협정도 처음에는 민간 차원의 물밑 접촉으로 시작했다. 평화 협정 체결 후 월남 주둔 미군은 철수하고 2년 후인 1975년 4월 30일 월남은 적화되었다. 한국의 언론들은 전문가들의 견해를 빌려 이번 미 · 북 비공식 대화에 대해 미국의 전형적인 투트랙 외교라고 말한다. 공식 회담과 비공식 회담을 병행하는 것을 말한다. 정부나 언론이나 마치 남의 나라 일처럼 말한다. 그러나 북한에 대해서라면 사정이 다르다. 한국이 배제된 미 · 북 대화는 자칫 잘못하면 돌이킬 수 없는 최악의 상태로 빠질 수 있기 때문이다.

2016년 11월 8일, 미 7공군은 오산 미공군기지에서 한 · 미 · 영 3국의 무적의 방패(Invin sible Shield) 훈련을 언론에 공개했다. 구름 한 점 없는 파란 하늘에 한국 공군의 F15K 전투기가 선두에 서서 한 · 미 · 영 연합 공군의 포메이션 비행을 이끌었다. 삼각날개를 가진 타이푼 전투기는 그 모양새부터가 눈에 확 띈다. 한 · 미 · 영 공군기들의 합동 비행은 동맹의 힘을 과시하는 데 충분했다. 영국 공군(Royal Air Force)은 말레이시아와 일본에서의 연합 훈련을 마치고 지난 5일 오산 미 공군기지에 도착했다. 이번 훈련에 영국은 유로파이터 타이푼 전투기 4대와 MRTT−330 공중급유기, 그리고 C−17 수송기를 투입했다. 영국의 최신예 유로파이터 타이푼 전투기는 4.5세대 전투기로서 5세대 스텔스 전투기를 제외한다면 가장 최신 기술이 집약된 전투기다. 이름에서도 알 수 있듯이 영국, 독일, 이탈리아, 스페인 4개국이 공동 개발한 유럽형 차세대 전투기다.

막대한 개발 비용을 감당하기 어려워서 4개국 공동 개발 방식을 취했다. 유로파이터 타이푼은 한국의 주력 전투기 사업에도 뛰어들었지만 공대지空對地 능력 미비와 높은 가격으로 인해 프랑스의 라팔과 미국 보잉의 F15K에 패했다. 국방부는 이번 훈련에 대해 미국 외에도 영국과의 안보 협력을 강화하기 위해 기획했다고 밝혔다. 한미연합 전력 가운데 공군력만큼은 그 어떤 나라에도 뒤지지 않을 만큼 가공할 만하다.

영국 공군도 세계 최강의 한미연합 공군과 함께 훈련하는 것은 특별한 의미를 지닌다. 미 7공군은 훈련 브리핑을 통해 한 · 미 · 영 3국 공군은 가상의 적 군사 시설과 지휘부를 정밀 타격하는 훈련 및 대규모 적 항공기를 공중 요격하는 훈련을 한반도 상공에서 실시할 예정이라고 말했다. 점증하는 북핵 위협에 맞서 이번 3국의 연합 공군 훈련은 시사하는 바가 크다. 영국 공군으로서는 유사시 동아시아까지 공군력을 투사할 수 있는 능력을 보여 주는 계기가 된다. 영국의 전투기들은 한국으로 전개하기 전에 일본 아이모리 현 미자와 주일 미공군기지에서도 고강도 훈련을 했다. 일본에서의 훈련 명칭은 'Nothern Guardian 16'으로 2차 세계대전 이후 일본에서의 연합 공군 훈련은 처음이다.

이처럼 영국이 유럽을 벗어나서 극동 아시아까지 자국 공군 전투기를 파견하는 데는 영국의 가장 긴밀한 동맹국인 미국의 영향력이 있었을 것으로 보고 있다. 특히 중국의 팽창에 대비한 미국의 동맹 체제 구축의 실질적 모습으로 해석할 수도 있다. 한반도로 국한시켜 보면 또 다른 양상이 전개된다. 어렵게 출발시켰던 1978년 한미연합사 체제는 노무현 정부가 해체 결정을 하면서 뿌리가 뒤틀렸다. 그 후 이명박정부가 제한적으로 해체의 시간을 연기했다.

전시작전 전환 문제는 2014년 10월 워싱턴DC에서 열린 '제46차 한미연례안보협의회'에서 '조건에 기반을 둔 전환'으로 변경하는 내용의 양해각서에 합의하고, 양국 국방장관이 15개 항의 공동성명을 발표했다. 그러나 미국의 입장은 약간 다른 듯하다. 시한을 못 박지 않은 조건부 연장에 대해 부정적 반응이다. 미국은 한국의 요청에 따라 2020년대 중반까지는 한미연합사와 전시작전권에 대해 지금처럼 유지한다고는 하지만, 상황의 변화에 따라 얼마든지 변할 수 있음을 내비치고 있다. 차기 미 대통령에 트럼프가 이미 당선되었고, 내년 한국 대선의 결과에 따라 재조정될 가능성이 높다고 보는 것이 현실적이다.

북핵, 사드, 전작권 등 외교 안보 문제들 챙겨야

미국의 예산 절벽으로 인해 미국의 국방 예산은 대폭 삭감되었다. 해외 주둔 미군이 직격탄을 맞았다. 주한미군의 경우도 공군을 제외하면 붙박이 부대는 없다고 봐도 무방하다. 지상군의 경우 주한미군 2사단 210화력여단만이 유사시 화력 지원을 위해 주둔하고 있을 뿐이다. 그 외는 미 본토에서 일정기간 순환배치되어 근무하는 형태로 바뀌었다. 미 육군의 전체 사단이 10개에 불과하고 병력도 60만이 되지 않는다는 것을 감안하면 한국에만 붙잡아 두고 있을 수도 없는 상태이다. 더욱이 이제 미국 대통령은 트럼프다.

고고도미사일방어체계(THAAD)는 미국이 2012년 이명박정부 때부터 타전했었다. 가시화된 것은 북한의 5차 핵실험 성공과 잠수함 발사 탄도탄 발사 때부터다. 북한의 핵위협에 노출된 것은 한국인데 그에 대한 대비책은 미국이 서둘렀다. 한때 언론에는 한국이 사드를 도입하는 것처럼 왜곡시키기도 했다. 사드는 미국의 예산으로 미군이 한국에 배치하는 것이다. 특히 미 의회의 권고로 한국에 사드 배치가 결정되었다. 한국은 부지만 제공하면 된다. 이보다 더 좋은 조건은 없다. 우리 돈 들이지도 않고 한국을 방어할 수 있으니 말이다. 그런데도 전자파 논란 등 쓸데없는 방해 공작으로 시간만 날렸다.

이제 트럼프의 시대이다. 더 이상 시간을 지체하면 안 된다. 흐트러진 외교안보를 바로 잡아야 한다. 트럼프는 후보 시절부터 한국과 일본의 핵개발에 대해 상관하지 않는다고 말했다. 트럼프의 시대가 된 만큼 핵무장을 보다 전향적으로 검토할 필요가 있다. 국내 보수층과 새누리당 일부 의원들은 북핵에 맞서 당장 핵개발을 추진하자는 주장도 있었다. 북한의 SLBM(잠수함 발사 탄도미사일)에 맞서 일부에서는 핵추진 잠수함 개발의 당위성을 강조하기도 했다. 특히 잠수함연맹(회장 김혁수 예비역 제독)은 핵추진 잠수함 획득 운동을 펼치고 있다. 잠수함장 출신인 문근식 예비역 대령도 북핵 위협 속에서 우리는 핵추진 잠수함으로 대응해야 한다고 강조하고 있다.

지난 9월 국방컨벤션센터에서 열린 세미나에서 "기술적으로나 제도적으로 한국이 핵잠을 보유하는 데 별 문제가 없다"고 하면서 핵잠의 연료인 20% 미만의 농축 우라늄은 국제적으로 상용 거래되는 물품이고, 핵무기 제조를 금지한 NPT에도 위배되지 않는다고 설명했다. 무장과 핵추진 잠수함을 일부에서는 부정적으로 보기도 한다. 한국의 핵개발은 미국의 거센 반발을 불러일으킬 것이라고 걱정한다. 그러나 트럼프의 시대는 역발상을 해 봄직하다. 트럼프는 정치가 이전에 철저한 사업가다. GIVE AND TAKE에 철저한 인물이다.

미국으로부터 얻기 위해서는 우리가 미국에게 건네줄 것이 있어야 한다. 핵무장과 핵추진 잠수함 개발로 동맹의 끈을 더욱 강화하는 쪽으로 발상의 전환을 가져 볼 필요가 있다. 만에 하나 주한미군 철수 문제가 대두되더라도 핵무장은 또 다른 카드가 될 수 있다. 선거 기간 내내 트럼프의 구호는 '위대한 미국 재건(We will make America great again)' 이었다는 것을 염두에 둘 필요가 있다. 문제는 우리다. 최순실사태로 국가 중대사에서 외교안보 사안이 뒷전으로 밀려난 것은 심각한 문제가 아닐 수 없다. 북한 정권의 급변 사태를 예견하다가 졸지에 남한 정권의 급변 사태가 터지고 말았다.

트럼프 시대의 개막은 한국 언론이 전혀 예측하지 못한 변수다. 더 큰 문제는 한국의 내년 대선이다. 미국에 트럼프가 대통령이 된 마당에 내년 한국 대선에서 좌파 정권이 들어선다면 그것은 최악의 시나리오의 시작일 것이다. 자연스럽게 패망한 월남이 떠올려진다.

우리는 흔히 미국이 월남을 버렸다고 비난하곤 한다. 그러나 달리 생각해 볼 필요도 있다. 1955년 사법부는 "법은 보호해 줄 가치가 있는 정조만 보호한다"는 명판결을 내린 적이 있다. 이 판결을 미국의 외교 안보 관점에서 해석한다면 '미국은 스스로 지키는 나라만 보호한다' 고 해석할 수 있다. 1968년의 월남과 오늘날 대한민국, 과연 스스로 지키는 보호할 가치가 있는 나라인가라고 자문해 보면 소름이 돋는다.

제4부

박근혜 대통령, 지위를 지키지 못한 죄인

최순실 게이트,
박근혜 대통령 무능이 부른 참극

정재훈

'최순실 파문' 을 보면서 그녀와 연관된 각종 비리 의혹보다 나를 더 분개하게 하는 것은 박 대통령이 상당 부분 그녀에게 의지했다는 점이다. 사적인 의견 청취를 넘어 공적인 업무까지도 조언에 포함됐다니 할 말을 잃게 한다. 부정부패는 탈탈 털어 뱉어 내게 하면 되고 여의치 않으면 형사 처벌이라는 차선이 있다. 허나 일반 상식과 거리가 먼 국정 개입과 공적인 조언은 차원이 다르다.

연설문은 기본이고 옷매무새 하나하나 최순실이 관여했다는 것은 이 나라의 시스템에 문제가 있거나 박 대통령의 판단력을 의심할 수밖에 없게 한다. 아무리 좋게 해석하려 해도 청와대 인사 개입 의혹까지 거론되는 정황을 참작하면 이번 최순실사태는 2분간 머리를 조아리고 끝낼 일이 아니다.

보수 기치를 들고 당선된 대통령이 좌익의 표와 인기를 의식해 자유 진영 어떤 국가도 참석하지 않은 중국의 열병식에 간다고 할 때 이미 예감이 좋지 않았지만, 사단事端의 장본인이 박근혜의 측근인 묘령(?)의 여인네라는 사실에 아연실색하지 않을 수 없다.

매사 실수가 있고 '병가지상사' 라는 말도 있다. 허나 이 말도 평소에 신뢰를 얻고 있던 사람에게 해당되는 법이다. 집권 4년 동안 박근혜가 과연 국민에게 어떤 신뢰를 쌓았으며 업적을 선사했나? 이 글을 읽는 대부분은 머리를 절레절레 흔들 것이다.

그만큼 박근혜는 좌파는 물론 심지어 애국 우파에게도 미운털이 박힌 지 오래라 도움을 바랄 처지가 아니다. 자고로 '적을 경계하기에 앞서 아군을 살피라!' 고 했다. 이 말은 '내 동료의 고충과 애로를 우선 살피고 유대를 강화한 뒤 일심동체로 적군과 싸워야 한다' 는 의미다.

그런데 박근혜는 자신을 그 자리에 앉힌 보수우파가 하지 말라는 짓만 했고 논공행상은 고사하고 감사의 인사조차 미흡했다. 그러니 이번 사태에 중도를 포함한 애국 진영마저 서릿발 같은 회초리를 드는 것이다. 부덕의 소치요, 자업자득인 셈이다.

이번 참극은 레임덕으로 끝날 일이 아니다. 재차 언급하지만 다른 사안도 아닌 능력 부재에 의한 스캔들이라 사죄하고 말고 할 차원이 아니다! 박근혜가 용단을 내렸으면 한다. 한 번의 실수라 치부하기에는 너무나 황당하고 참담하다. 지금 국민 분노가 이를 증명한다.

박근혜는 정신 똑바로 차려야 한다. 선친의 후광으로 버티어 오던 깃털 같은 명예마저 실추되느냐 마느냐는 전적으로 본인에게 달려 있기 때문이다. 영예로운 선택을 기대한다.

박근혜 탄핵의 의미

고성혁

2019년 4월 6일 비바람이 불었다. 사나운 봄비 속에서도 동화면세점 등 서울 도심 곳곳에서는 태극기집회가 열렸다. 여전히 박근혜 대통령을 옹호하는 모습이다. '박근혜 대통령 석방, 문재인 탄핵' 이라는 허망한 주장만 할 뿐이다. 탄핵 판결 난 지 2년이 지나도 우파의 일부 집단은 과거에 묶인 채 한 발자국도 앞으로 나가지 못하고 있다. 2016년 탄핵 정국 때나 지금이나 그들의 모습은 똑같다. 탄핵으로 가느냐 하야를 하느냐 하는 갈림길에서 우파 오피니언 리더들은 한사코 탄핵심판으로 가자고 말했다. 하야는 절대 안 된다고 말이다. 당시 그들은 탄핵심판으로 가면 충분히 이길 수 있다고 하면서 좌익에게 정권을 넘겨줄 수 없다고 주장했다. 그런 주장을 한 우파 리더들은 자신의 판단이 현실에서 완전히 빗겨나갔음에도 누구 하나 반성하는 이가 없다.

탄핵당하느니 하야하는 것이 낫다는 일부 우파의 주장은 탄핵심판으로 가도 승산 있다는 거대한 쓰나미 앞에서 찻잔 속에 미풍조차 되지 못했다. 만약 자진 하야를 했다면 최소한 최초의 탄핵대통령이라는 역사적 오명으로 기록되지는 않았을 것이다. 물론 그렇다고 해서 사법처리까지 면할 수는 없었을지라도 말이다.

돌이켜 보면 근본적 이유는 간단하다. 문제의 근원은 박근혜 대통령 자신이었다. 최순실이 청와대 문건을 맘대로 보고 수정하면서 국정에 개입한 것은 분명한 팩트다. 이것은 박근혜 대통령 자신이 인정한 사실이다.

황교안 총리가 버젓이 있음에도 법적 절차를 거치지 않고 책임총리라는 명분으로 김병준 씨를 내정했다. 야당과 언론의 거센 반발에 무릎을 꿇고 총리 임명을 국회에 맡긴다고 하면서 구걸을 했다. 박근혜 대통령은 완전히 무너졌다. 대통령 주변의 문고리 권력과 청와대 권력실세는 거의 모두 구속되었다. 이들에 대한 조사를 하면 할수록 나침반의 바늘이 북쪽을 가르키듯히 박근혜 대통령을 향했다. 재판 과정에서 그 누구도 박근혜 대통령을 옹호하거나 보호하지 않았다. 그렇다면 스스로 무너진 박근혜 대통령을 어떻게 이념의 잣대로 보호할 수 있겠는가?

박근혜 대통령은 사실 우파를 철저히 외면했다. 자신을 지지한 우파보다는 최순실 측근을 전적으로 신뢰하고 기용했다. 그토록 속고도 아직도 정신을 못 차린다면 그것은 병이다. 썩은 밧줄을 붙잡고 있을수록 결국 더 빨리 끊어진다. 그러면 모두가 죽는다. 썩은 밧줄은 놓아야 한다. 그래야 새로운 밧줄을 잡을 수 있다. 우리 정치사에서 대통령의 하야는 이승만 대통령이 처음이었다. 다들 알다시피 3.15 부정선거 때문이다. 비록 이승만 대통령 자신이 직접 지시한 것이 아니라도 부하의 과잉충성에 이승만 대통령은 하야를 결단했다.

국민들은 떠나는 이승만 대통령을 배웅했다. 이승만 대통령의 하야는 5.16혁명의 전기가 되어 주었다. 정치적 순리의 결과였다. 현재 박근혜 대통령을 보호하는 것은 정치적 순리에도 맞지 않다. 이미 권위와 능력을 상실한 박근혜 대통령을 붙잡는 것은 더 깊은 늪에 더더욱 빠져드는 결과가 될 뿐이다. 최순실사태는 곧 박근혜 대통령 사태다. 분리해서 생각할 수 없다. 박근혜 대통령을 옹호하는 것은 곧바로 최순실을 보호하는 결과가 된다. 이제 박근혜의 손을 놓아야 한다.

마이크로닷과 박근혜 탄핵

– 탄핵 덮자는 것은 야반도주가 아니라 주반도주晝半逃走

최성환

요즘 연예인들의 가족 사기 사건 기사가 방송에 많이 노출되고 있다. 그 중에 가장 충격적인 것이 래퍼rapper 마이크로닷 부모의 사기 사건이다. 마이크로닷은 2006년도 14세에 당시 최연소 힙합 그룹인 '올블랙'으로 데뷔했다. 당시 같이 활동했던 멤버는 현재 한국 힙합계를 대표한다는 가수들 중 한 명인 DOK2(도끼)이다. 이 그룹은 1집 앨범만 내고 간간이 방송 활동을 했지만 곧 얼마 안 가 활동을 그만뒀다.

이후 방송에 거의 모습을 드러내지 않다가 2015년 Mnet의 인기 힙합 프로그램인 〈쇼미더머니 시즌4〉에 출연해 랩을 하는 도중 상의 탈의로 일부 힙합 팬들에게 인상을 남긴다.

그러다 2018년 6월에 방영된 SBS의 예능 프로그램인 〈정글의 법칙〉에서 뛰어난 낚시 실력을 보여 주어 관심을 끌었다. 당시 같은 프로그램에 나왔던 방송인 이경규의 추천으로 얼마 뒤 채널A의 예능 프로그램인 〈나만 믿고 따라와, 도시어부〉에 고정 멤버로 출연한다. 같이 나온 배우

이덕화, 방송인 이경규와의 시너지가 잘 나타나 높은 시청률이 나왔다. 그 덕분에 마이크로닷은 대중적으로 친숙해지고 다른 예능뿐 아니라 광고에까지 출연하게 된다.

그의 대중적인 인지도가 상승하자 이전부터 여러 커뮤니티 사이트들에서 제기된 부모가 사기꾼이라는 의혹도 불붙기 시작한다. 1998년 5월 31일, 충북 제천시 송학면 무도리 낙농가에서 마을 주민들과 친척들의 보증으로 돈을 챙겨 처자식들과 뉴질랜드로 야반도주한 사건인데, 당시 중부매일신문에 실린 신 아무개가 마이크로닷의 아버지라는 것이 핵심 의혹이었다.

의혹이 폭발한 건 올해 3월 22일 〈도시어부〉가 뉴질랜드에 해외 로케이션 촬영을 하며 그의 부모 얼굴이 방송에 공개되면서다. 그 방송으로 말미암아 뉴질랜드에 도망가서 사기 당하고 고생했다는 얘기를 믿고 살던 마을 사람들과 자녀들의 분노에 기름을 붓게 된다. 알고 보니 현지에서 큰 한식당을 차리고 있었고, 이후 다른 예능에서 10억이 넘는 주택에 살고 있다는 사실이 알려진 것이다.

여기에 마이크로닷의 대처 또한 설상가상이었는데, 자신의 SNS에 의혹을 제기하는 피해자 가족한테 법적 조치를 하겠다는 입장을 표명했다. 이에 피해자들이 고소해 보라며 더욱 강력한 증거 자료를 내놓자 의혹이 언론사에 진실 공방이라는 식의 기사가 뜨기 시작한다. 제 무덤을 판 것이다. 결국 지난 21일 피해자들에게 사과하는 입장을 발표했다. 의혹이 사실이라고 인정한 것이다.

요즘 보수 정당에 전직 정치인이나 현직 정치인이나 탄핵에 대해서 그냥 어물쩍 넘어가려고 한다는 느낌이 강하다. 2004년 노무현 탄핵 소추안을 가결했던 박관용 전 국회의장은 지난 17일 중앙선데이와의 인터뷰에서 탄핵은 지나간 것이니 빨리 잊어버리자고 했다. 이에 앞서 지난 7일 홍준표 전 자유한국당 대표는 자신의 SNS에 과거의 공과는 역사에 맡기자고 글을 남겼다.

같은 날, 김무성 자유한국당 국회의원은 승소한 재판을 가지고 불가피한 선택이라며 제 발 저리는 듯한 발언을 했다. 박근혜 대통령 탄핵에 앞장섰던 나경원 자유한국당 국회의원은 이제 와서 '한평생 감옥에 가실 정도로 잘못했냐' 는 발언을 했고, 역시나 탄핵에 앞장섰던 하태경 바른미래당 최고위원은 박근혜 대통령의 형량이 과하다는 발언을 했다. 점입가경인 건 요즘 새로운 보수의 아이콘으로 주가가 올라가는 바른미래당 이언주 국회의원은 탄핵은 가능한 벌어지지 말았어야 한다는 발언을 했다. 탄핵 소추 당시 민주당이 탄핵 카드를 머뭇거릴 때 탄핵을 부추겼던 사람의 입에서 이런 발언이 나온 것이다.

떡 줄 사람은, 아니 표 줄 사람은 생각도 하지 않는데 2년이 지났다고 그저 덮고 가자고 한다. 자신들 정당에 선거 때마다 지지율이라는 신용을 빌려주었던 사람들한테 야반도주가 아니라 대낮에 도망치는 꼴이 아닐 수가 없다. 지나간 과거이고 소모적 논쟁이니 이제 와서 미래를 보자고 한다. 이렇게 말하는 사람들은 만약에 지인한테 당사자 부모가 나중에 친부모가 아닌 것을 알았지만, 지나간 과거이니 덮자고 얘기하면 그

지인이 뭐라고 반응하겠는가?

20년 전 작은 마을에서 벌어진 사기극이 지금까지 와서 회자되는 것을 보시라. 당시 보증 선 사람 중에 세월이 지나 죽은 사람들도 있지만 그 분노는 자식들에게까지 이어졌다. 죽기 전에 유언으로 그 돈 꼭 (마이크로닷 부모한테서) 받아내라는 말까지 했었다고 한다. 그 부모의 잘못된 선택 때문에 자식들 생업까지 피해를 보게 되었다. 하물며 겨우 2년이 지났고, 범위가 동네가 아닌 국가 초유의 사태인데 이걸 그냥 잊고 가자는 건 정치인이 지지자들을 상대로 사기를 치겠다는 말에 다름 아니다.

마이크로닷의 부모는 야반도주 후 뉴질랜드에 살면서 보증 선 사람들이 연락하지 않으니 방심했을 것이다. 이 정도면 묻혔겠구나 싶어서 야반도주 후 십 년도 되지 않아 자식들더러 성공하라며 모국에 보내서 활동하는 것을 허락했을 것이다. 피해자들을 우습게 봤다는 생각도 든다.

제대로 매듭짓지 않고 서로의 책임을 따지는 국가 초유의 사태에 대해서 지금 보수층의 정치인들이 하는 행동은 신용 뜯긴 지지자들을 우습게 보는 것이 아닌가 생각이 든다.

박근혜·최순실을 위한 광복절은 언제 오는가?

최성환

2014년 12월, 헌법재판소는 통합진보당의 해산을 명령했다. 그리고 이듬해 4월 해당 지역구 보궐선거에서 옛 통합진보당 지역구 네 곳은 무소속 한 자리와 성향이 정반대인 당시 새누리당이 세 석을 확보했다. 심지어 서울에서 가장 호남 성향이 강한 관악을에서 새누리당 후보가 당선되었다. 이전에 세월호 단식농성으로 세월호 천막이 광화문에 생기기 시작하고, 이후에 민중총궐기라며 광화문 일대를 강성 좌파들이 활보했지만 그러면 그럴수록 보수 성향의 새누리당 지지율은 1위를 달렸었다. 이후 총선 공천 파동으로 내부 균열이 생기기 전까지 말이다.

총선 공천 파동으로 인해 김무성 당대표와 이한구 공천관리위원장의 낯 뜨거운 충돌의 스노볼은 엄청났다. 그 분열은 결국 헌법재판소에서의 탄핵 판결로 이어졌다. 여기서 끝나면 다행이었다. 이후 당명까지 새누리당에서 바꾼 자유한국당은 두 집 받고 한 석짜리 쪽방 하나 더 받아 여러 세력으로 쪼개진 상황에서 대선 지지율이 반 토막 나고 정권을 넘겨주었다. 그리고 얼마 전 지방선거도 2006년도의 역지사지 판의 결과가 나왔다.

그 원인 중에 태극기집회가 있었다. 과거 좌파들이 단식농성을 하거나 집회를 하면 할수록 평소에 조용히 침묵하던 다수가 그들의 설치는 꼴이 보기 싫어 반대 세력인 보수 진영에 조용히 표를 가져다주어서 혜택을 보는 일이 많았다. 그러나 탄핵이 선고되고 나서 태극기집회는 추하기 그지없었다. 태극기가 추하다는 말을 요즘 유행어 식으로 표현하면 '추극기 태하다' 라고 표현된다. 과거 통합진보당 해산 판결 때는 법치를 운운하면서 똑같은 재판관이 판결한 박근혜 전 대통령 탄핵에 대해서는 불복하는 모습이 침묵하는 다수에게 과거 통합진보당 보듯 얼마나 한심하겠나?

헌법재판관은 대통령이 세 명을 뽑는데, 지난 10년 동안 대한민국은 보수정권이었다. 국회에서도 세 명을 뽑는데, 당시까지 국회는 보수정당이 절반을 넘거나 제1당이었다. 마지막으로 대법원장이 3명을 임명하는데 대법원장도 보수정권에서 임명된 사람이다. 무슨 할 말이 있겠는가?

내 마음에 안 드니까 징징거린다고 말할 수밖에 없다. 그러니 싸가지 없다고 표를 안 주고 과거 보수 정당이 이득을 보았듯이 이제 민주당이 역으로 이득을 보는 것이다.

2018년 8월 15일 광복절 태극기집회 도중 시위대가 '박근혜 대통령 석방하라' 는 현수막을 들고 주한 미국대사관 옆을 지나고 있었다. 지난 2018년 3월 8일 조선일보 기사 제목으로 '300여 보수단체 대통합' 이라는 기사가 있었다. 그 당시 보수 단체들이 자유대연합이라는 통합 단체를 결성하면서 박근혜 전 대통령 석방과 이명박 전 대통령 수사 반대 등 보수단체 간 이견이 큰 부분에 대해서는 당분간 목소리를 내지 않기로 했다.

그러나 그들은 선거의 참패를 탄핵 판결에 대해 덮고 가려는 행위에 대한 국민의 심판을 원인으로 보지 않고, 무조건 탄핵을 찬성한 특정 정치인들을 비판했다. 2016년도에 태극기를 들 때와 현재 태극기를 들 때 시간만 흘렀을 뿐 도대체 뭐가 다른 것일까? 그럴 거면 도대체 왜 수 백개의 단체가 모여서 지키지 못할 약속을 한 것일까?

자신들끼리의 공개된 약속도 지키지 못하면서 심지어는 단합도 못 하고 각각 따로 집회하면서 무엇을 보여 주겠다는 것인가?

태극기 세력, 즉 보수단체는 서울역, 대한문, 교보문고, 동화면세점, 세종문화회관, 현대해상 앞 등 여섯 곳 이상에서 각각 나뉘어서 집회를 했다. 그 중 서울역은 특정 정당의 집회이니 제외를 하더라도 나머지는 국경일에도 뭉치지 못하고 저마다 따로 집회를 했다. 그러면서 집회 내용은 약속이나 한 것처럼 똑같다. 박근혜 대통령 언급하고 이미 판결이 난 지가 일 년이 넘었는데 탄핵이 부당하고 거기에 맞서 싸운다는 소리였다.

그리고 늘 그렇듯이 군가를 튼다. 박근혜 대통령 석방을 외칠 거면 태극기를 들지 말고 박근혜 사진을 들어야 더욱 공감하지 않겠는가? 광복절 집회시 가장 실망했던 부분은 행사에 참석한 일부 청년들이었다. 어른들은 나이가 들어 변화에 둔할 수도 있고 고집이 강할 수 있어서 그러려니 넘어갈 수 있다. 그래서 그들 집회 참석자들도 청년들이 필요하다고 말한다.

그런데 뒤에서는 청년들의 참신함을 원하면서 막상 앞에서는 청년들이 자기들의 생각을 이해해 줄 것을를 강요한다. 그게 태극기집회 참석자들의 수준이다. 청년들더러 앞에 나가서 어른들한테 현실 파악하라며 쓴소리를 하라고 부탁하는 것이 아니다. 그건 그들한테 나는 못 하니까 너희가 하라며 부추기는 짓이기 때문이다. 그래서 가장 좋은 대안으로는 집회에 참석하지 말아야 한다. 집회에 불참하여 태극기집회 참여 인원이 계속 줄어들고 흥미 요소를 더욱 줄여 사실상 안락사를 시키는 데 나서야 한다. 그런데 정작 집회에 참석한 청년들이 도리어 나서서 박근혜를 언급했다. 국정농단 사태가 2년이 다 되어 가는데 메타를 따라가지 못한다.

스포츠에서도 매 시즌마다 바뀌는 흐름을 따라가지 못하면 세계대회에서 우승을 해도 바로 이듬해 자국에서 예선 탈락을 하는 경우가 비일비재하다. 이건 대한민국에서도 흔히 볼 수 있는 일이다. 지금은 탄핵이 문제가 아닌데 언제까지 탄핵을 붙잡고 있을 텐가?

나를 두고 비겁자라고 욕할 청년들이 있기에 한 마디 더 하자면 말로만 목숨을 걸지 말고 정말 목숨을 던져라. 과거 1991년 노태우 정권에 대해 공안독재 타도라며 명지대생 강경대의 시위 중 사망 사건을 시작으로 연쇄 자살을 했던 사건 말이다. 그들은 목숨을 정말 걸었다.

그래서 나는 태극기집회에 참여하지 않는 솔직한 모습을 보이는 것이다. 과거에 탄핵을 반대했지만 헌법재판소의 판결이 불만족스럽더라도 승복하는 것이야말로 법치국가의 자유민주 시민이라 여기기 때문이다.

박근혜 대통령 무죄 석방을 외치고 탄핵 찬성한 230명 이상을 모두 역적으로 돌리면 박근혜 대통령이 정말 석방되고 보수가 정권을 찾아올 수 있을까?

애국 우파일수록 법치의 근간을 존중해야 한다

고성혁

작년 20대 총선에서 새누리당은 참패를 했다. 과반은 고사하고 제1당의 지위도 잃었다. 그래도 그 누구 하나 책임지는 사람은 없었다. 집권여당은 정신 차리지 못하고 오히려 분당分黨으로 갈라섰다. 급기야 최순실사태가 터지고 탄핵에 이어 박근혜 대통령의 구속으로 이어졌다.

이러한 일련의 과정에서 2012년 박근혜 후보를 찍었던 많은 유권자들은 실망을 넘어 환멸로 이어졌다. 누가 되든 박근혜정부보다 못할 리 없지 않겠느냐는 말까지 나올 정도였다.

그러나 이러한 민심의 밑바닥 정서는 태극기집회에 가려지고 말았다. 탄핵에 찬성하는 이들의 여론조사가 압도적이었음에도 태극기집회의 열기는 탄핵을 뒤엎을 수 있다는 헛된 꿈을 꾸게 했다. 이것도 역시 많은 유권자들을 돌아서게 만들었다.

우파 오피니언 리더들의 책임도 크다. 촛불집회에 맞서서 태극기집회는 대성공을 이루었다. 겉으로 보기엔 그렇다. 그러나 속사정은 그렇지 못했다. 많은 우파 오피니언 리더들이 태극기집회의 무대에 올라서 탄핵 무효를 외치거나 탄핵의 부당성을 주장했다. 혜성처럼 나타난 김평우 변호사는 탄핵의 부당성을 법정 안팎으로 오다니며 열변을 토했다. 김 변호사의 『탄핵을 탄핵한다』라는 책도 대성공을 거둘 만큼 많이 팔린 것으로 알려졌다.

한 모임에서 김평우 변호사는 미국의 탄핵 제도를 예를 들면서 탄핵의 절차를 문제시했다. 우파 오피니언 리더들의 모임에서 김 변호사는 탄핵의 부당성을 설명하면서 미국의 탄핵 절차법을 예로 들었다.

대한민국에서 미국의 탄핵 절차 과정을 논한다는 것도 이해할 수 없는 부분이다. 헌법재판관들에게 대통령 변호인단이 어떻게 비쳤을지도 반성해야 할 부분이다.

탄핵 심판 과정에서 김평우 변호사는 태극기집회에서 탄핵 부결의 당위에 대해 열변을 토했다. 그러나 결과는 '8:0 전원 일치 탄핵 인용' 이었다. 탄핵 판결 하루 전까지만 해도 우파 오피니언 리더들과 일부 변호사는 8:0 기각 또는 각하될 것이라고 말했다. 그 결과에 전혀 뜻밖이라고 놀라기도 했다. 법정에서는 이기지 못하고 밖에서 울분을 토하는 일부 변호사의 모습도 볼썽사납다.

결론적으로 오피니언 리더들의 판단과 예측은 완전히 빗나갔다. 그에 대한 반성이나 분석은 지금껏 한 번도 없었다. 사실 태극기집회는 탄핵이 결정되는 순간 그 역할을 다했다. 단순한 탄핵 반대 태극기집회에서 이제는 정당까지 만들었다. 이에 대해 태극기집회의 순수성을 변질시켰다는 비판도 있다.

어떻든 간에 헌재 판결을 부정한다면 이것은 그 동안 법치를 무엇보다 중시하던 애국 우파의 근간을 부정하는 꼴이다. 2014년 헌재의 통진당 해산과 전교조의 법외 노조를 부정하는 것이다.

탄핵 판결을 한 헌재 재판부는 통진당 해산을 결정한 재판부와 동일하다. 그럼에도 상당수 우파 단체는 헌법재판소를 좌경화 되었다거나 하면서 비난한다. 내가 하면 로맨스 남이 하면 불륜이라는 말과 다를 바 없다.

2007년의 노무현과 2017년의 박근혜

전영준

같은 날인 5월 23일, 2009년에 노무현 전 대통령은 자살로 생을 마감했고, 2017년에는 탄핵으로 임기를 채우지 못하고 마감한 박근혜 전 대통령의 첫 재판이 열렸다.

박근혜 전 대통령의 탄핵으로 치러진 2017년 5월 9일 19대 대선에서 자유한국당 홍준표 후보는 24%의 득표율로 41.1%의 득표율을 기록한 문재인 더불어민주당 후보에게 참패했다. 이번 대선 결과를 보면 2007년 12월 17대 대선 상황과 비슷하다. 당시 여당인 대통합민주당의 정동영 후보는 26.1%의 득표율로 48.7%의 득표율을 기록한 야당인 한나라당 이명박 후보에게 무려 500만 표차로 대패했다. 영남권에서는 무소속 이회창에게도 밀려서 3등을 하는 수모를 당했다.

홍준표 후보가 대구경북, 경남을 제외한 전 지역에서 패배하고 서울, 경기, 대전, 제주, 세종 등에서는 국민의당 안철수 후보에게 밀려 3위를 했듯이, 여당인 정동영 후보는 2007년 대선에서 호남 지역에서만 이기고 다른 지역에선 모조리 패배했다. 홍준표 후보의 패배에는 문재인보다는 홍준표를 더 미워한 친박 세력들의 반란도 한 몫 했듯이 정동영 후보는 그를 극도로 미워한 친노 세력들의 노골적인 배신 때문에 대선에서 참패했다.

감동은 비극을 잉태했다

2002년 노무현의 대통령 당선은 기적이라고 불릴 정도로 감동 스토리였지만, 결국 7년 후 자살을 불어오는 비극의 시작이었다. 박근혜 전 대통령은 역대 대통령선거 사상 최초로 과반이 넘는 득표율로 당선되는 영광을 얻었지만 교만을 잉태해 탄핵을 가져오는 비극을 낳았다.

노무현 전 대통령은 대통령에 당선되자마자 기쁨보다 선대위 실세들의 치열한 권력다툼을 보며 골치를 썩어야 했다. 새천년민주당의 쇄신과 변화를 바라는 개혁 세력과 후단협으로 지칭되는 새천년민주당의 기득권 세력간의 치열한 갈등을 겼으며 일 년을 보냈다.

박근혜 전 대통령은 채동욱이라는 잘못된 검사를 검찰총장으로 임명해 정권의 정당성을 흔드는 국정원 댓글 사건과 예기치 않은 세월호 침몰로 반대파로부터 끊임없이 시달림을 당해야 했다.

참패한 선거 뒤에 참패한 대선

노무현 전 대통령은 재임 중 반미적 입장, 편협한 국수주의, 친북적 정책으로 인한 외교안보 정책의 실책으로 국내외적으로 신뢰를 잃었다. 그 결과 열린우리당은 2006년 5월 31일 지방선거에서 전라북도를 제외한 모든 지역에서 패배했다. 광주전남은 민주당이 승리하고 나머지 지역은 모두 한나라당이 차지했다. 그로부터 열린우리당은 2005년 4월 이후 국회의원 재보궐 선거와 지방선거 및 7.26 재보선을 포함해 31패를 기록했다.

결국 노 전 대통령의 국정 지지도는 2006년 12월 6일 5.7%라는 당시까지 재임했던 대한민국 대통령 가운데 최저치를 기록했다. 당시까지 역대 최저치였던 임기 말 김영삼 전 대통령의 8.4%보다 2.7%포인트 낮은 수치였다.

각종 선거에서의 연전연패와 극심한 민심이반으로 집권당인 열린우리당은 해체의 길로 들어선다. 합종연횡을 통해 2007년 6월 중도통합민주당이 탄생한다.

박근혜 전 대통령은 친중 편중 정책, 한미일동맹 훼손, 공무원연금 인하, 탐욕스러운 20대 총선 공천 등으로 인해 지지기반인 보수우파로부터도 외면을 당하고 사드 배치, 역사교과서 국정화 정책 등으로는 반대파로부터 비판을 받았다. 그 결과 새누리당은 2016년 4월 총선 180석 이상 얻을 것이라는 예상을 깨고 민주당에 대패하는 수모를 당했다.

20대 총선 책임 문제를 놓고 친박과 비박간의 권력투쟁은 결국 박근혜 전 대통령의 탄핵까지 이어져 2016년 12월말 탄핵 찬성파들이 원내대표 경선에서 실패하자 탈당하여 바른정당을 창당했다. 바른정당은 5

월 대선에서 독자 후보를 내며 분전했지만, 6.8%라는 저조한 득표율 수치를 기록했다. 결국 자유한국당과 바른정당 모두 국민들에게 준엄한 심판을 받았다.

보수의 중심인 자유한국당은 5월 대선에서 서울, 경기, 대전, 세종, 제주 등에서 국민의당 안철수 후보에게도 뒤지는 창피를 당했다.

대통령의 국정지지도는 민심이다

2007년 11월 12일, 서울대 등 서울 지역 7개 대학 학생의 노무현 임기 5년에 대한 설문조사에서 대학생의 65.4%가 노무현이 국정 수행을 잘못했다고 답했으며, 그 중 14%는 매우 잘못했다고 지적했다. 아주 잘했다는 평가는 0.9%에 그쳤다.

박근혜 전 대통령은 '최순실게이트'로 인해 작년 11월말 실시된 각종 여론조사 기관들의 국정지지도 조사에서 5%대로 전락했으며, 심지어는 텃밭인 대구에서도 10%대의 지지를 받는 비애를 맛보았다.

퇴임 후 뇌물수수 혐의로 수사를 받던 노무현 전 대통령은 검찰이 정상문 전 청와대 비서관을 체포하자 2009년 4월 7일 자신의 개인 공식 홈페이지에 부인 권양숙이 박연차로부터 돈을 받아 사용했다는 내용의 사과문을 게재했다. 2009년 5월 14일, 노무현의 딸 노정연이 받은 40만 달러를 놓고 검찰과 노무현 측이 진실 공방을 벌였으며 결국 2009년 5월 23일, 노무현 전 대통령이 자살함으로써 노무현에 대한 검찰 수사는 종료됐다.

박근혜 전 대통령은 최순실게이트로 2016년 12월 9일 국회로부터 탄핵소추를 당했으며, 2017년 3월 10일 헌재로부터 헌정수호 의지와 능력이 없다는 판단 아래 헌정사상 처음으로 대통령직을 파면 당해야 했다. 탄핵 후 곧바로 3월 21일 검찰에 소환되어 대한민국의 전직 대통령들 중 전두환, 노태우, 노무현에 이어 네 번째로 검찰 수사를 받고 3월 31일 구속영장이 발부되고 서울구치소에 수감되었다.

노무현과 박근혜, 공통점과 다른 점

노무현 전 대통령은 각종 실정에도 국민들에게 사과는커녕 미안함도 나타내지 않았으며, 반대 세력과는 임기 말까지 대화보다는 막가파식 마이웨이를 했다. 박 전 대통령도 최순실게이트로 인해 탄핵소추가 되었음에도 헌재의 탄핵 결정이 되는 순간까지 탄핵이 기각될 것이라는 안이함을 보였다. 본인이 약속한 검찰과 특검 조사도 거부했다.

노무현 전 대통령과 박근혜 전 대통령의 공통점은 지도자로서 자격이 함량미달이었다는 것, 패권정치를 추구한 탐욕스러운 지도자였다는 것, 그리고 반성을 모르고 남 탓으로 돌리는 무책임한 지도자였다는 것이다. 한 사람은 자살로 책임과 오욕汚辱을 면했고, 한 사람은 투옥投獄으로 책임을 져야 하는 상황에 이른 것이 다를 뿐이다.

제5부

박근혜정부, 외교의 근간을 무너뜨리다

박근혜정권의 청개구리식 동맹외교 비판

고성혁

미국은 아시아에서 전략의 기본 틀을 새로 짜고 있다

2016년 6월 13일, 부산에는 미 해군의 최신예 버지니아급 원자력잠수함 미시시피호(SSN-782)가 입항했다. 정기 순환 배치일 뿐이다. 그런데 언론은 마치 북한에 대한 경고인 양 확대 해석했다. 물론 미국은 그런 것이 아니고 정기 순환 근무일 뿐이라고 설명까지 했지만, 언론은 그게 아닐 것이라면서 여운을 남겼다. 이것이 우리 언론의 한계다.

버지니아급 핵잠수함의 부산 입항은 처음이지만, 한국 해역에 들어온 것은 이번이 두 번째다. 지난 2월 동해상에서 실시한 한미연합 잠수함 훈련에는 버지니아급 노스캐롤라이나 호(SSN-777)가 참가한 바 있다.

미 해군 역시 이번 방문이 정례적인 성격의 것으로, 한미 양국군의 친선을 도모하기 위한 것이라고 강조했다. 미 해군은 '인도 · 아시아태평양 지역에 처음으로 배치되는 미시시피호(SSN-782)가 오늘 부산항에 입항했다' 며 '미시시피호의 한국 방문은 한미 양국 관계를 강화하고 양국 해군의 유대를 확대하는 데 핵심적인 역할을 할 것' 이라고 밝혔다.

그러나 언론들은 '미시시피호의 한국 방문은 한반도의 현 정세와는 무관하다는 게 미군의 입장이지만, 올해 초 4차 핵실험과 장거리 미사일 발사를 감행한 북한에 대한 경고 메시지의 성격도 있는 것으로 보인다' 고 확대 해석하는 보도를 했다.

미국 외교안보의 축이 유럽에서 아시아로 옮겨 온 것은 이미 오래 됐다. 구소련이 붕괴되면서 21세기에 미국의 국가 이익은 아시아에 달려 있다고 판단하기 때문이다. 올해 들어서는 아시아태평양 지역에 항공모함 전단도 추가 배치했다. 지난 3월 한미연합훈련에 참가했던 존C스테니스 항모 전단이 그것이다. 중국의 팽창에 위협을 느낀 필리핀은 미군의 재주둔을 강력하게 요구했다. 1992년 필리핀에서 철수했던 미 해군은 수빅 만을 다시 사용할 것으로 보인다.

지난달 오바마 대통령은 일본에서 개최되는 G7 정상회담에 앞서 베트남을 국빈 방문했다. 오바마 대통령으로서는 임기 내 마지막 아시아 순방이었다(마지막 아시아 순방에서 한국은 빠졌다). 미국과 베트남 정상회담에서 양국은 완전한 양국 관계 정상화를 선언했다.

미국은 베트남에 대한 무기 금수 조치를 해제했다. 베트남은 중국에 맞서기 위해 미국의 P-3C 대잠 초계기 구매를 타진했다. 베트남전의 상흔을 씻는 동시에 중국에 맞서기 위한 두 나라의 전략적 이해관계의 합일점을 　았다. 그 합일점은 바로 중국에 대한 공동 대응이다.

미국은 이제 한국만을 위한 작전을 펼치지 않는다

이렇듯 아시아에서 미국은 전략의 기본 틀을 새로 짜고 있다. 미국은 이제 한국만을 위한 작전을 펼치지 않는다. 동아시아뿐 아니라 아시아 전체 판을 놓고 판단한다. 한국은 절대적 가치가 아니라 'One of them' 일 뿐이다.

과거 미 · 소 냉전 시절에 누리던 한국이라는 지정학적 절대 가치는 사라졌다고 해도 과언이 아니다. 미국에 있어서 북한은 작은 변수에 지나지 않는다. 물론 우리에게는 절대적 변수이지만 말이다. 미국은 중국이라는 보다 큰 변수를 놓고 아시아 전략을 짜고 판단한다. 이제 한국 지도부는 중국을 상대하는 미국의 큰 전략 틀 속에서 한반도를 생각해야 실수나 오판을 방지할 수 있다.

박정희 대통령의 경우 닉슨의 전략에 맞섰다. 70년대 후반 정치적 격변은 여기에서 출발했다. 그래도 미 · 소 냉전이라는 틀 속에서 박정희는 매우 능동적으로 대처했다. 이승만과 전두환 또한 미국의 큰 전략을 제대로 활용했던 인물이다.

공산주의 세력과의 대결에서 한국은 본의 아니게 주연의 자리를 맡았다. 외교적으로 출중했던 이승만 대통령은 한미상호방위조약을 이끌어냈다. 박정희 대통령의 5.16혁명으로부터 시작한 한국의 경제발전은 미국 동맹국으로서의 롤 모델이 되었다.

80년대 미국 레이건을 중심으로 한국의 전두환, 영국의 대처, 일본의 나카소네, 독일의 콜은 구소련과 동구권을 붕괴시키는 데 가장 핵심적 역할을 수행했다. 그 가운데 '88서울올림픽'은 대한민국이 세계 중심 국가로 자리 잡는 데 결정적 계기가 되어 주었다.

북한의 위협만을 의식한 나머지 중국에 기대는 것은 오판

그러나 현재 매우 위태롭다. 한일 관계는 여전히 불협화음을 내고 있다. 중국에 대한 지나칠 정도의 저자세 외교는 핵심 동맹국들로부터 의심의 눈초리까지 받고 있다. 북한의 위협만을 의식한 나머지 중국에 기대는 것은 명백한 전략적 오판이다.

2015년 중국 공산당의 승전 기념일에 박근혜 대통령이 참석한 것은 결정적 실책이다. 해서는 안 되는 것, 가서는 안 되는 곳, 해야 하는데 하지 않는 것이 현재 우리 외교의 현주소다. 한 마디로 청개구리식 외교이다.

반면에 일본은 매우 발 빠르게 움직이고 있다. 미국의 아시아 전략에 정확하게 코드를 맞추고 있다. 지난 10일부터 일주일 동안 미국과 인도, 그리고 일본은 태평양과 인도양을 오가면서 대규모 해상 훈련을 실시했다. '말라바르 훈련'이라 불리는 미국-일본-인도 3국의 해상 훈련은 이제는 정례적 훈련으로 자리 잡았다. 특히 14일부터 17일까지 사흘 동안은 오키나와 인근 해상에서 대함, 대잠 훈련을 집중적으로 펼쳤다. 지지통신은 '(미 · 일 · 인도) 3개국의 해상 안전보장 협력을 강화하고 중국의 해양 진출을 견제'하기 위한 것이라고 설명했다.

이렇듯 미국은 아시아 전체 판세를 보고 전략을 수립하고 실행한다. 한반도만을 위한 작전은 더 이상 없다고 봐도 무방하다. 반면에 한국은 한반도라는 아주 좁은 틀에서 조금도 벗어나지 못하고 있다. 그렇기 때문에 미국의 잠수함 한 척 만 와도 호들갑을 떤다.

아직도 풀리지 않는 박근혜의 아프리카 순방 수수께끼

고성혁

탄핵과 1심 유죄 판결로 구속 수감된 후 박근혜의 근황이 전해진 것은 2017년 12월 5일자 언론 보도를 통해서였다. 5일 방송된 채널A '외부자들' 에서는 최근까지 박 전 대통령의 변호인단이었던 도태우 변호사와 전화 인터뷰를 했다. 도 변호사는 "(박 전 대통령이) 앉고 설 때마다 약간 소리를 내면서 불편해 한다. (허리디스크) 확진을 받은 거로 알고 있다" 며 박 전 대통령의 건강 상태를 밝혔다. 전여옥 전 의원이 "(박 전 대통령은) 유영하 변호사만 접견 가능하다는 보도가 있었는데 사실이 아니냐" 고 도 변호사에게 물었다. 도 변호사는 "전혀 아니다. 나도 만났다" 고 말했다. 전 전 의원은 또 "박 전 대통령이 구치소 안에서 나라를 걱정했다는데 어떤 점을 걱정하고 있냐" 고 질문했다. 도 변호사는 "아프리카 국가들에게 약속한 것을 상황이 변하면서 지키지 못하게 된 것" 이라며 "(아프리카) 국가 개발 관련된 것" 이라고 밝혔다.

이 말은 뜻밖이었다. 일반인들은 아무렇지도 않게 넘어갈 말이었지만 기자의 귀에는 그냥 스쳐 넘길 수 없는 발언이었기 때문이다. 박근혜 대통령은 미일을 비롯한 전통적인 동맹 외교보다는 제3세계, 특히 아프리카에 관심을 기울였다. 그것도 유별나게 말이다.

아베 총리는 박근혜 대통령을 초청했다. 대한민국의 지위가 G7 바로 다음 클래스에 해당하는 나라 중에 선두이기 때문이다. 자유민주주의 국가 중에 인구 5000만에 경제 규모 등을 감안할 때 그렇다는 말이다. 그런데 박 대통령은 G7 정상회담에 가지 않았다. 선약이 있다는 이유에서였다. 그 선약은 무엇이었을까? 아프리카 3개국 방문이었다.

G7 정상회담 기간에 굳이 아프리카에 가기로 했다는 것은 선뜻 이해하기 어렵다. 최순실사태는 겉으로는 문화체육부에 직격탄을 가했지만, 외교에는 심각한 내상을 주고 있다. 박근혜 대통령은 2016년 11월 19일부터 20일까지 양일간 페루 리마에서 열린 APEC 정상회의에도 불참했다. 지난 23년 동안 한국이 주도적 위치에서 참여했던 정상회의다.

그 어느 때보다 외교가 중요한 시기였다. 그런데 박근혜정부의 외교는 방향을 잃었다. 박근혜정부는 누가 봐도 눈에 띄는 친중반일 외교를 펼쳤다. 2015년 중국 전승절 행사에 박근혜 대통령이 시진핑과 함께 중국군을 사열한 모습은 외교사적으로는 경악 그 자체였다.

박근혜 대통령은 재임 기간 중 일본을 국빈방문 한 적이 없다. 아베 총리와는 국제회의에서의 만남을 제외하고는 별도로 단독회담조차 하지 않았다. 북핵 문제와 세계경제 문제가 주 안건이었던 2016년 G7 정상회담이 일본에서 있었다.

그런데 박근혜 대통령은 G7 정상회담에 가지 않았다. 선약이 있다는 이유였다. 박근혜 대통령은 같은 기간 아프리카 대륙의 에티오피아와 우간다, 케냐를 방문했다. 보통 국가 정상회담은 1년 전부터 기획된다. 따라서 얼마든지 조율을 할 수 있었다. 설사 아프리카 방문 계획이 있더라도 일정을 조절하여 G7 정상회담에 참가하는 것이 한-미-일 동맹을 감안한다면 당연한 것이다. 한미 동맹을 굳건히 하면 될 것을, 중국에 대해 양다리 외교를 펼치는 치명적 실수를 저질렀다. 외교만큼은 아주 제대로 망쳤다고 해도 과언이 아니다. 실제로 박근혜 대통령은 정해졌던 한미 정상회담조차도 전염병 메르스를 핑계로 갑자기 취소한 바도 있다. 그것은 이해한다손 치더라도 오래 전부터 예정된 G7 정상회담 기간에 굳이 아프리카 행을 강행했다는 것은 도무지 납득할 수가 없다.

누가 이 부분 깨끗하게 설명해 줄 수 있을까? 합리적 추론과 판단을 해도 도저히 이해가 되지 않는 부분이다. 결국 APEC도 불참한다. 우연일지는 몰라도 박근혜 대통령의 아프리카 순방국은 특정 종교의 포교와 일치한다는 점에 주목하지 않을 수 없다.

그 종교 교주는 2012년에 에티오피아를 갔다. 그 교단의 큰 교회는 우간다와 케냐하고 관계가 깊다. 따라서 감옥에 수감되어 있는 가운데 지리멸렬한 우파와 대한민국을 걱정하기보다는 아프리카 국가와의 약속을 걱정했다는 것은 참으로 한심스럽기 짝이 없다 하겠다. 이런 이유로 최순실과 최태민으로 연결되는 사이비 종교와의 관련성이 알음알음 퍼져나가는 이유이기도 하다.

당시 필자는 여러 상황을 종합해서 탄핵 촛불시위가 격화되고 더 큰 스캔들이 터지기 전에 박근혜 대통령이 하야하는 것이 낫겠다는 주장을 펴기도 했다. 만약 하야했다면 탄핵까지는 가지 않았다. 비록 법적 처리는 받겠지만 말이다. 무엇보다도 박근혜정부의 외교정책이 미국과 일본 등 정통 우방 대신 멀고도 낯선 아프리카 국가들을 우선시했다는 사실, 정책적 한심함을 따지기 이전에 도대체 굳이 그렇게 한 배경이 궁금해질 수밖에 없는 게 당연하지 않은가.

박근혜정부 시기에 급증한 무슬림

고성혁

2016년은 최악의 해였다. 삼성은 갤럭시 노트7 생산을 중단했다. 미 연방항공청은 갤럭시노트7의 기내반입을 금지시켰다. 수출은 10월 들어서 전년 대비 18퍼센트나 급감했다. 현대자동차는 파업으로 몸살을 앓았다. 국내 소비자들은 현대자동차에 혐오감을 나타내고 있었다. 현대자동차 세타 엔진은 불량 문제로 소비자와 언론의 질타를 받았다. 사실 그 후 현대자동차는 소비자의 불신을 받게 되었고, 2018년에는 국내 판매 분야에서 처음으로 적자를 기록하기에 이르렀다.

2016년 북한은 핵무기의 표준화 규격화를 완성했다고 떠들었다. 그러나 국회와 정치권은 과격 시위하다가 사망한 백남기 문제로 첨예하게 대립하고 있었다. 2017년 대선은 우파에게는 깜깜했다. 인물이 없었기 때문이었다. 지금 와서 생각해 보면 설사 탄핵 사태가 없었다손 치더라도 대선 승리는 어렵지 않았을까 싶기까지 하다.

거대한 풍랑이 눈앞에 보이는데 방향조차 못 잡고 있는 것이 현재 대한민국의 현실이다. 그런데 문제가 하나 더 잉태되고 있다. 박근혜정부 때 외국인 노동자와 이주민의 급격한 증가로 인한 사회문제가 표면화되기 시작했다. 특히 무슬림의 급격한 증가는 눈여겨봐야 할 대목이다. 대구매일신문은 2016년 10월 12일 정오 무렵, 대구 서구 상리동의 한 언덕에서 약 5000명 가량의 무슬림 시아파 교도들이 그들의 종교의식인 '아슈라'를 진행했다고 보도했다.

그들은 모두 검은색 계통의 옷을 입고 하나같이 'Labbaik ya hussain as(후세인 성자여, 우리는 당신을 따를 준비가 되었나이다)' 라고 적힌 검은 띠를 이마에 두르고 자신의 가슴을 세게 치는 그들만의 '아슈라' 의식을 거행했다. 벌써 5년째라고 한다.

놀라지 않을 수 없는 일이다. 아슈라 의식이라는 것은 '이슬람력으로 1월 10일이라는 뜻으로 올해는 양력 10월 12일이며, 1400여 년 전 이날 시아파의 성인 후세인 일가가 이라크 왕조에 몰살당한 비극을 기리는 날이기도 하다. 아슈라를 기리는 곳은 국내에서는 서울 이태원과 대구뿐이다' 라고 대구매일신문은 친절히(?) 보도했다. 그리고 이들 시아파 교도들은 10여 분 정도 기도를 하고 무려 한 시간 동안 대구 시가지를 행진까지 했다고 한다.

기사를 접하면서 놀라움을 금할 수 없다. 새뮤얼 헌팅턴이 말한 '문명충돌' 의 핵심은 무슬림이다. 서유럽 난민 문제도 무슬림에서 시작한다. 한국은 그나마 무슬림 문제에서 멀리 떨어져 있었는데, 대구에서 있었던 시아파의 아슈라 의식에 5000명이 모였다는 것은 섬뜩한 생각마저 들게 한다.

아랍 무슬림 세계에서 시아파는 과격 행동으로 유명하다. 물론 현재 시리아의 과격 이슬람 IS는 수니파이다. 어찌되었건 이들 무슬림이 한국에서도 세력을 확장한다는 것은 그리 달갑지만은 않다. 아무리 종교의 자유가 있다는 한국이지만 마냥 남 이야기처럼 볼 수는 없는 문제다.

한국에는 불교 기독교 천주교 원불교 등 다양한 종교가 있지만 그 동안 이렇다 할 만한 종교 분쟁은 없었다. 그러나 무슬림이라면 달리 생각해 볼 필요가 있다. 다른 종교가 포교와 선교로 세를 확장했다면 무슬림은 현지 거주로 세력을 확장하고 있다. 가족 모두 이주를 하고 결혼을 통해 구성원을 늘린다.

영국과 프랑스가 대표적이다. 영국이 EU에서 탈퇴한 것도 무슬림 난민 문제가 그 핵심이었다. 프랑스와 영국은 모두 무슬림 세력이 100만이 넘는다. 인구 5천만이 넘는 영국과 프랑스지만 무슬림이 100만이 넘자 사회문제로 본격 대두되기 시작했다. 한국의 경우에도 지금은 조용하지만, 무슬림 세력이 10만이 넘을 때쯤이면 어떤 문제가 발생할지 예측하기 힘들다.

그런데 유독 대구에서 시아파 무슬림이 아슈라 의식을 할 수 있는 것에 대해 일부 시민은 대구시의 다문화 정책에 원인을 두기도 한다. 특히 대구시는 광주와 함께 '달빛 동맹'을 펼치고 있다. 대구의 옛 이름 달구벌과 광주의 한글 이름인 빛고을의 첫 글자를 딴 것이 '달빛동맹'이다. 각종 문화 행사도 펼친다. 그 속에 다문화라는 이름으로 시아파의 아슈라 의식이 시가행진까지 이어진 것이다. 결코 강 건너 불구경할 일이 아니다.

시아파를 적으로 여기는 나라는 수니파가 다수인 사우디아라비아이다. 잘못하면 장차 외교적 문제로까지도 비화될 수 있는 사항이다. 박근혜 대통령 때 외교 정책은 그야말로 낙제점이었다. 게다가 무슬림 급증은 앞으로 한국 사회에 드리운 또 다른 먹구름이 되고 있다.

북한 핵 보유 선언보다 더 불길한 국내외 사정

고성혁

핵무기의 정치화에 방점을 둔 북한의 7차 당대회

북한은 이제 핵의 소형화 및 핵 투발投發 능력까지 보유하게 되었다고 대내외적으로 선전을 했다. 한미일 당국은 무시했다. 그러자 북한은 공개하지 않을 내용까지 공개하면서 핵의 소형화와 미사일 발사 모습을 거듭 중계했다. 핵 보유를 인정받기 위해서다.

한편으로는 북한이 그토록 핵무기에 매달리는 것도 이유가 있다. 재래식 전략전술로는 한미연합군에 맞설 수 없다는 것을 알기 때문이다. 핵무기 개발과 미사일 발사 실험에 막대한 자금이 들어간다 해도 재래식 군비를 확충하는 것보다는 효과적이라고 판단하기 때문이다. 게다가 핵무기는 정치적 무기이기도 하다. 미국과 정치적 흥정 대상으로 핵무기만 한 것이 없다고 북한은 여기고 있다.

기존 북한의 당 대회가 김씨 일가의 우상화에 초점을 두었다면, 7차 당 대회는 우상화뿐만 아니라 핵무기의 정치화에 방점을 둔 것으로 해석할 수 있다. 북한의 7차 당 대회는 핵 능력을 과시하는 데 초점을 맞추었다고 봐야 하는 이유이다.

김정은이 6일과 7일 양일에 걸쳐 진행된 당 대회 총화 보고(업적 보고)에서 "핵 무력을 중추로 하는 나라의 방위력을 철벽으로 다지겠다"고 말하면서 핵무기 고도화와 항구적 핵 보유 의지까지 밝힌 것만 봐도 알 수 있는 부분이다.

북한의 핵 보유를 인정할 수 없는 이유

북한이 7차 당 대회에서 밝힌 결정서決定書에는 '미국에 의해 강요되는 핵전쟁 위협을 핵 억제력에 의해 종식시키고, 지역과 세계 평화를 수호하기 위한 투쟁을 벌려 나갈 것'이라고 주장했다. 또한 당 대회를 통해 '제국주의 핵 위협이 계속되는 한 경제 건설과 핵 무력 건설을 병진시킬 전략적 노선을 항구적으로 틀어쥐고 자위적 핵 무력을 질량적으로 더욱 강화할 것'이라고 선포했다.

결정서 주장만 보면 북한은 핵 보유를 미국에 맞서는 것처럼 포장하지만 실질적 내용은 분명하게 대한민국 적화통일을 명시하고 있다. 리명수 북한군 총참모장은 당 대회 토론회에서 "(김 제1위원장이) 명령만 내리면 인민군대는 핵 뇌성을 터칠(터뜨릴) 것이며 서울 해방작전, 남반부 해방작전을 단숨에 결행하고 미국을 지구상에서 완전히 없애 버릴 것"이라는 말로 핵무기의 사용 목적을 구체적으로 언급했다.

김정은은 6일 당 대회에서 '책임 있는 핵보유국'이라고 주장하며 남북 관계에서의 '대화와 협상'을 언급했다. 이에 대해 청와대는 진정성이 없다며 일축했다. 김정은의 이런 주장은 핵무기에 대한 자신감을 피력한 것으로 볼 수 있다.

그러나 한국 및 미국과 일본 등 우방국은 북한의 핵 보유를 인정하지 않을 것임을 분명히 밝혔다. 스가 요시히데(菅義偉) 일본 관방장관은 9일 오전 기자회견에서 김정은 제1위원장이 7차 노동당 대회에서 북한이 '책임 있는 핵보유국'이라고 언명한 데 대해 "유엔 안전보장이사회 결의 등을 준수하는 것이 최우선이다. 이를 하지 않으면서 핵을 계속 보유하겠다고 표명한 것은 결단코 받아들이지 않겠다"고 비난했다.

북한의 거듭된 핵 실험과 핵 보유 주장에도 불구하고 국제 사회는 북한의 핵 보유를 인정하지 않을 것이다. 이유는 간단하다. 만약 북한의 핵 보유를 인정하게 된다면 핵확산금지조약(NPT)이 무용지물이 되기 때문이다. 또한 북핵 실험에 따른 유엔의 경제적 제재도 명분을 상실하게 된다. 그렇기 때문에 북한의 핵 보유는 인정할 수 없는 것이다.

북핵보다 더 불길한 국내외 사정

북한의 7차 당 대회 핵 보유 선언에 맞서는 우리의 대책은 조금은 궁색하다. 핵 보유 불인정과 기존의 압박 방법 외에는 없어 보인다. 게다가 박근혜정부는 지난 4.13총선에서 참패를 했다. 올 하반기부터 20대 국회가 개회되면 박근혜정부의 대북 정책은 여러 면에서 도전에 직면할 가능성이 크다.

아울러서 우리의 맹방인 미국 역시 대통령선거로 그 열기가 뜨겁다. 미 공화당 후보 트럼프는 한국의 안보 무임승차에 대해 매번 비판적 발언을 쏟아내고 있다. 박근혜정부 역시 시간이 얼마 남지 않았다. 2017년이면 한국 역시 대선 준비로 분주해진다. 어떤 측면에서는 북핵보다 국내외 여건이 더 좋지 않은 방향으로 흘러가는 듯하다.

김장수 전 안보실장을 중국대사로 임명하는 등 박근혜정부는 중국에 대해 매우 공을 들였다. 일본에는 한 번도 국빈 방문을 하지 않았지만, 중국에는 국빈 방문을 했다. 작년 10월에는 중국의 전승절 군사 퍼레이드에 박근혜 대통령은 미국을 비롯한 우방국들의 우려에도 불구하고 참석했다.

그러나 북한의 탄도탄 발사 실험과 북핵 사태가 터지자 중국은 북한보다 대한민국에 압박을 가했다. 사드 배치에 대해 노골적으로 적대적 감정을 드러냈다. 결국 한국이 배제된 채 미국과 중국의 담판으로 사드 배치는 연기되었다. 북한이 제 역할을 못 하게 되자 이제 중국이 전면에 나서게 된 것이다.

올해 초 북한의 4차 핵실험으로 인해 한미일 삼각동맹은 급속히 회복된 것처럼 보였다. 그러나 내부 앙금은 여전하다. 특히 지난 3년간 박근혜정부의 친중 외교 노선은 미국 워싱턴 정가에 매우 안 좋은 시그널을 보냈다.

미국의 바이든 부통령은 2013년 한국 방문 시 "미국의 반대편에 배팅하는 것은 좋은 배팅이 아니다"라며 의미심장한 말을 한 바 있다. 더 나쁜 소식은 북한이 4차 핵실험을 하기 직전 미국과 북한간에 평화회담

논의가 있었다는 점이다. 물론 핵실험으로 물거품이 되고 북한의 김양건 외교부장은 사망하였지만, 한국이 배제된 채 비밀리에 논의된 바 있다는 점은 그냥 흘려 버리기에는 너무도 석연찮다.

북한의 7차 당 대회를 앞두고 미국의 클래퍼 정보국장이 한국을 급히 방문했다. 언론들은 북핵 문제 논의가 주 의제가 될 것으로 보도했다. 그러나 7일 중앙일보는 단독으로 뜻밖의 소식을 전했다. 클래퍼 정보국장이 미북 평화협정 문제를 거론했다는 것이다.

중앙일보는 외교 당국자 말을 인용하여 '클래퍼 국장과의 대화 내용 중에는 미국이 북한과 평화협정과 관련한 논의를 할 경우 한국이 어느 정도까지 양보할 수 있느냐는 취지의 문의도 있었다' 고 설명했다. 물론 정부는 부인했다.

그러나 지금까지의 맥락을 짚어 보면 전혀 무시해도 될 사안은 아닌 듯하다. 앞으로 전개될 사안과 시간은 이제 우리 편이 아니다. 총선의 패배가 더 가중시킨 측면도 있다.

우파의 차기 대선 주자가 안 보이는 것도 매우 불길하다. 어떻든 일년 반 남은 박근혜정부의 역할이 더욱 커진다. 만약 앞으로 북한이 도발한다면 군사적 응징을 분명히 해야 할 것이다. 이명박정부의 실수를 되풀이하면 안 된다. 그것이 박근혜정부가 역사적 평가를 받는 시금석이 될 것이다.

사드 배치에 미적거렸던 박근혜와 배치 반대한 친박들

고성혁

북한의 미사일 공격을 방어하기 위한 '고고도 미사일 방어망' 인 '사드(THAAD)' 는 미국의 예산으로 한국에 배치될 예정이었다. 그런데 박근혜정부는 부지 제공을 차일피일 미루다가 결국 결정을 보지 못하고 탄핵을 맞았다.

적의 탄도탄 방어망의 일부분인 사드(종말 단계 고고도 미사일 방어)의 군사적 기능은 이미 언론을 통해 충분히 보도되었다. 주한미군은 한국정부가 부지를 제공하는 곳에 2017년까지 사드 1개 포대를 배치하려고 했다. 미군이 부지 선정과 사드 배치에 일 년 반씩이나 준비 기간을 두는 것은 매우 이례적이었다. 한국 박근혜정부의 입장을 최대한 고려한 처사였다. 사실 미군의 전술을 보면 이미 실전 배치된 무기의 경우, 미군은 특정 지역에 배치한다는 말이 나오면 이미 배치가 완료되거나, 한 달 내 배치를 끝내는 경우가 대부분이다. 그만큼 미국이 한국의 정치 상황을 고려한다는 반증이다.

그런데 사드는 배치가 되기도 전에 이미 그 비밀 기능을 충분히 발휘하고 있다. 한국에 배치되는 사드는 다른 나라와는 달리 매우 특별한(?) 기능이 있다. 그 기능을 다음 네 가지로 요약할 수 있다.

입으로만 친박, 행동은 반박인 사람이 누구인지 가려내는 기능

지난 7월 13일 정부는 경북 성주군에 사드를 배치할 것이라고 발표했다. 그러자 대구 경북 지역 새누리당 의원들이 사드 배치 반대를 외치면서 벌떼처럼 일어났다. 그런데 그들은 선거에서 누구보다 박근혜 대통령과의 친분을 과시하면서 저마다 '친박' 임을 내세웠다. 자신만이 박근혜 대통령의 국정 운영에 도움을 줄 것처럼 떠들었다.

그러나 정작 사드 배치 지역이 결정 나자 정반대의 행보를 펼치고 있다. 성주군수와 성주가 지역구인 이완영 의원은 물론이고, 친박계의 좌장이라고 자타 공인했던 최경환 의원마저 TK(대구 · 경북) 지역 사드 배치에 반대했다. 최경환 의원뿐만 아니라 친박계 핵심 조원진, 곽상도, 정종섭 의원 등 이른바 '진박(진짜 친박) 의원' 들까지 가세했다. 화장실 갈 때 마음과 나올 때 마음이 다르다고 하는 말처럼, 선거 전과 당선되고 나서 마음이 달라진 새누리당 TK 지역 의원들의 민낯을 사드는 극명하게 가려냈다.

TK 지역 의원들은 자신의 영달과 지역구 포퓰리즘에 부화뇌동했다. 국가의 안보와 박근혜정부의 성공은 온 데 간 데 없이 사라졌다. 만약 그들이 사드 배치 반대가 아니라 오히려 주민들을 설득하고 사드 배치를 적극 지지했다면, 종북 세력이 개입하는 일은 막을 수 있었다. 안보 정당으로서의 면모를 보이고 진박(진짜 친박)의 진정성을 과시할 기회였다. 그러나 그들의 사드 배치 반대와 함께 새누리당이 내세우던 안보 정당이라는 타이틀도 '진박'의 프리미엄도 함께 사라져 버렸다.

오히려 김종인 더불어민주당 대표는 사드 배치에 대해서 반대하지 않았다. 한미동맹의 기틀 위에 추진되는 것이기에 그것에 대해 왈가불가할 필요가 없다는 입장을 표명했다.

또한 홍준표 경남도지사도 사드 배치의 당위성을 자신의 페이스북을 통해 밝혔다. 홍 지사는 2016년 8월 4일 자신의 페이스북을 통해서 "쿠바 미사일 위기 때 케네디는 핵전쟁을 각오하고 소련의 쿠바 미사일 배치를 막았습니다. 그것은 미국의 목구멍에 공격용 미사일 배치는 미국으로서는 참을 수 없는 안보 위기였기 때문입니다. 사드 배치에 중국이 반발하는 것은 쿠바 미사일 위기와는 다른 경우라고 할 것입니다. 공격용 무기가 아니라 핵미사일에 대한 방어용에 불과하고 중국이 아닌 북핵을 겨냥한 것이기 때문입니다"라고 북핵 방어용인 사드 배치의 당위성을 밝혔다. 이에 616명의 페친이 '좋아요'를 눌러 동감을 표시했으며 94명이 공유를 했다.

친중 사대주의 집단 식별 기능

7일 청와대는 더불어민주당 의원 6명의 중국 방문 중지를 촉구하는 긴급 성명을 냈다. 그러나 더불어민주당 소속 초선의원인 김영호 의원을 비롯해 신동근, 소병훈, 김병욱, 손혜원, 박정 의원이 중국으로 출국했다. 이들은 한반도 사드 배치 반대 주장을 중국에서 할 것이 뻔하다.

그렇게 되면 결국 중국의 선전 노리개로 전락할 것은 불을 보듯 뻔한 노릇이다. 가뜩이나 중국은 미국에 날을 세우면서 주한미군의 사드 한반도 배치를 극력 반대하고 있다. 그런 중국에 가서 반대 주장을 하는 것은 친중 사대주의적 발상에 기인한다고 충분히 볼 수 있다.

이들 외에도 김대중정부 시절 통일부장관을 역임했던 정세현 씨의 경우 중국 관영 매체에 사드 반대 주장의 기고를 하면서 박근혜정부를 비판했다. 이들에게는 중국이 한국을 겁박하고 공격하겠다고 하는 무례한 짓은 전혀 보이지 않는 모양이다. 오히려 사드 배치가 중국 감시용이라는 중국 측 주장에 동조하는 입장을 보이고 있다. 마치 조선시대 납작 엎드려 중국에서 칙서가 내려오길 바라던 사대주의자의 전형을 보는 듯하다.

그뿐 아니라 더불어민주당 당 대표 경선에 나오는 추미애 의원도 사드 배치에 반대하고 있다. 국민당은 당론으로 정하기까지 했다. 그 밖에도 종북 성향 단체와 반미 성향 단체 대부분이 사드 배치에 극렬하게 반대하고 있다. 여기에는 공식 아닌 공식이 성립한다. 반미 단체와 종북 단체는 사드 배치 반대 연장선상에서 중국의 입장에 동조한다는 점이다. 결국 반미 종북은 친중 사대주의와 맥을 같이한다는 사실을 알 수 있다.

사드에 대한 상반된 태도를 보인 안보전문가 식별 기능

종편 방송이 생기면서 꽤 많은 안보 전문가가 등장했다. 좌편향 자칭 안보 전문가는 대부분 사드 배치에 반대하거나 부정적 입장을 표했다.

우파 성향 군사안보 전문가는 사드 배치에 적극 찬성했다. 전자파 문제에 대한 유언비어를 불식시키는데도 우파 성향 안보 전문가들은 많은 기여를 하고 있다. 이춘근 박사, 김태우 교수, 박휘락 교수 등이 대표적이다. 그런데 핀트가 어긋난 이도 있었다. 자주국방네트워크 신인균 대표는 종편과 각종 매체를 통해 군사안보 전문가로 출연하고 있다. 그의 달변은 세간의 인기를 끌었다. 그러나 지난 4.13 총선 과정에서 그가 보인 사드 배치에 대한 입장은 이중적이었다.

사실 사드 전자파 논란도 신 대표의 주장이 시발이었다. 새누리당 경선이 한창이던 시기인 3월 11일자 양산시민신문은 신인균 대표의 주장을 보도했다.

SNS를 중심으로 신 대표가 천성산에 사드 배치를 주장했다는 비난에 대해 양산시민일보는 '신 대표는 지난해 4월 사드 레이더 운용에 대한 미 육군 기술 자료를 통해 사드 레이더 전자파 영향을 알게 됐고, 이후 모든 방송과 강연 등에서 우리나라 영토 내 사드 배치에 적합한 부지는 없으며, 만에 하나 사드 레이더 배치가 이뤄질 경우 기존 미군기지 내에 설치해야 한다는 입장을 고수해 왔다' 고 보도했다. 즉 보도 내용에 따르면 천성산 일대에 사드 배치는 불가하다는 입장을 밝힌 셈이다. 또한 '국내 전문가 중 사드 본질에 대해 가장 잘 알고 있는 사람은 본인이며, 양산에 사드가 들어올 수도 없고, 들어와서도 안 된다는 이유를 가장 잘

아는 것도 본인' 이라면서 '그럴 리도 없지만 만에 하나라도 양산에 사드 배치가 검토된다면 그간 연구 성과를 바탕으로 전력을 다해 막아낼 것이라고 강조했다' 고 양산시민일보는 신인균 예비 후보의 주장을 게재했다. 신인균 후보는 당내 경선에서 패하여 국회 진출의 꿈을 이루지는 못했다.

그로부터 5개월 후 경북 성주군에 사드 배치가 결정된 후 신 대표는 시청 프레스센터 기자 간담회를 통해 "양산 지역민들이 원자력발전소와 인근의 김해공항이 있어 사드 배치는 안 된다는 말에는 동의할 수 없다"며 "오히려 고리원자력 발전소와 김해공항을 비롯, 울산 광양 포항 등을 방어하기 위해서라면 사드 배치가 필요할 수 있다"고 밝혔다고 8월 8일자로 포커스뉴스가 보도했다.

앞선 3월 11일자 양산시민신문과 8월 8일자 포커스뉴스 기사를 비교해 본다면 당내 경선 당시 신 대표의 사드에 대한 입장과 선거 후 입장이 상반된다는 것을 볼 수 있다. 군사 전문가와 정치 입문 후보로서의 이중적인 태도에 대한 비판을 받을 수 있는 대목이다.

중국은 역시나 대한민국의 적국 임을 알려주는 알람 기능

박근혜정부는 그 어느 역대 정부보다 중국에 많은 공을 들인 것이 사실이다. 집권 후 주중 한국대사에 안보실장을 역임한 김장수 대사를 임명한 것은 파격적이었다. 한미연합사 부사령관까지 지낸 인사를 중국대사로 임명한 것에 대해 미국에서는 내심 우려를 표한 것도 사실이다.

한미일 동맹체제하에서 박근혜 대통령은 한 번도 일본을 국빈 방문하지 않았다. 최우방국인 미국에도 박근혜 대통령은 실무 방문만 했다. 그러나 중국에는 국빈 방문을 했다. 아베 총리에 대해서는 날을 세운 박근혜 대통령이었지만 중국 시진핑 주석에 대해서는 극진했다. 표면적으로는 누가 봐도 친중 반일 외교 노선으로 해석될 수 있었다. 심지어는 국내외의 우려에도 불구하고 2015년 중국의 전승절 행사에 직접 참석해서 시진핑과 함께 중국 인민해방군의 열병식을 참관했다.

그러나 이와 같은 박근혜정부의 노력에도 불구하고 북한의 핵탄도미사일 위협에 따른 사드 배치에 중국은 이빨을 드러냈다. 심지어 한국을 공격할 수도 있다는 위협까지 서슴지 않고 있는 중국이다. 중국을 우방으로 착각하던 박근혜정부에 사드는 중국의 속내를 파헤쳐 주는 역할을 했다. 북한의 탄도미사일 방어보다 더 중요한 기능을 사드가 수행한 셈이다. 영화 〈인천상륙작전〉이 대성황리에 상영 중이다. 인천상륙작전의 성공으로 통일을 눈앞에 두었지만, 중공군의 개입으로 물거품이 되었다. 중국은 6.25 한국전쟁을 '항미원조전쟁' 이라고 부른다.

미국을 적국으로 간주하는 것은 6.25 때나 지금이나 중국은 변함이 없다. 남중국해상에서 중국의 팽창 야욕은 아세안각국과 마찰을 일으키고 있다. 센카쿠 열도에서의 일본과의 마찰도 현재진행형이다. 서해상에서 중국과 한국의 영해 분쟁은 가까운 미래에 부각될 것이다.

이토록 중국의 팽창은 한반도에 직접적인 위협으로 다가오고 있다. 근본적으로 중국은 북한의 군사 동맹국이다. 따라서 한미동맹 체재하에서 중국은 분명한 잠재적 적국이다. 이것을 망각하면 외교안보 노선이 헝클어지게 마련이다. 그러나 사드 배치를 추진하면서 헝클어진 실타래가 순식간에 정렬되었다. 적군과 아군이라는 피아식별 기능이 제대로 작동하게 되었다. 사드의 비밀 기능 중에 가장 중요한 기능이 바로 이것이다. 중국은 한국을 위협하는 군사적 적국임을 새삼 알도록 하는 기능 말이다.

박근혜 대통령은 결국 사드 배치를 마무리 짓지 못하고 탄핵을 맞았다. 사드 배치는 문재인정부 들어서서 우여곡절 끝에 배치는 되었지만, 아직도 미군의 보급물자 공급은 원활치가 않다. 사드 배치에 극렬 반대하는 반미 종북 시위자들 때문이다.

제6부

대한민국 보수우파의 길은 있는가

2012년 진보의 SNS와 2017년 보수의 태극기

전영준

2012년 18대 대통령선거에서 문재인 후보가 패배하자 매일경제는 개표 다음날인 2012년 12월 20일 '소통의 장이라던 SNS가 불통을 만들었다' 며 문재인 후보 측의 지나친 SNS 중시 선거운동의 문제점을 지적했다. 매일경제는 'SNS 이용자들이 웹 세상에서 만나는 사람들은 모두 문 후보를 지지하는 것처럼 비쳐졌지만, 현실은 SNS 이용자들의 예상과는 전혀 달랐다' 며 '대선이 끝나면서 SNS 이용자들 사이에 소통의 도구라는 SNS가 오히려 현실을 보지 못하게 만들었다' 고 지적했다. 이어 'SNS를 통해 듣는 의견이 다른 사람들의 다양한 의견이 아니라 결국 내 생각의 메아리일 뿐이었다' 며, 'SNS를 통해 타인들과 교류가 많아졌다는 것이 사실상 자신과 생각이 비슷한 집단의 의견에 함몰되도록 만들어 버렸다' 고 덧붙였다.

야권이 18대 대선 이후 SNS 불통론이 커진 것은 세대별로 지지 후보가 명확히 갈려 주된 사용자 층이 20~40대인 SNS상에서는 50대 이상 유권자들의 표심을 접하기가 매우 어려웠기 때문이다. 지난 2012년 문재인 후보는 SNS에 있어 타 정치인들보다 이해도나 활용도가 높았다. 그래서 그는 SNS가 소통의 도구로는 으뜸이라 생각해 자기의 철학과 생각을 SNS을 통해 전달하고 듣기도 했다. 그렇지만 댓글로 펼쳐지는 칭송 글(일명 빠심)에 함몰되어 다른 이야기를 듣지 못했다. 온라인에 주력하다 보니 다양한 사람들의 이야기를 들을 수 없어 불통이라는 소리를 많이 들었다.

그리고 절치부심, 지난 4년 SNS 세상 밖으로 나왔다. 문재인 후보 부인은 지난 4년간 호남의 미용실과 목욕탕을 누볐다. 자신은 SNS를 통해 자기 생각을 전하면서 직접 대면하는 토크와 현장 방문을 통해 남의 이야기를 들으려 눈과 귀를 열었다. 2017년 대선가도에서는 반대로 보수가 달라진 세상을 모르고 2012년 진보가 갔던 길을 그대로 답습했다. 애국의 상징 태극기가 오히려 현실을 모르는 도구로 전락한 것이다.

보수의 본향 대구 경북에서도 박근혜 지지도 10%에 탄핵 찬성이 70% 이상 나오는 판에 대한문 앞 태극기부대가 바로 민심이라고 착각한 것이다. 박 전 대통령 지지 세력은 한 손에는 태극기를 들고 '법치준수 국가수호', '종북좌파 척결하자', '대한민국 헌법수호' 등의 구호가 적힌 피켓을 흔들며 국회와 검찰, 헌재, 언론은 타도의 대상이라 외쳤다.

그러나 보수가 금과옥조처럼 부르짖었던 법치라는 가치를 스스로 부정하는 모순에 빠졌다. 헌재의 '통진당 해산'을 미처 생각하지 못한 것이다. 태극기 세력의 주력인 60대와 70대가 SNS의 전사가 되어 '박 전 대통령 탄핵은 언론이 저지른 잘못이다'며 '언론과 국회가 사기를 친

것' 이라고 주장했지만, 다른 이들의 올바른 국가를 만들려는 생각을 파악하는 것에는 무지했다.

그들은 젊은 층 유권자들의 마음을 애써 알려고 하지도 않았다. 젊은 층에 대한 설득은 고령화 사회라는 무기로 포기했다. 결국 가족 간 갈등 속에서 스스로 목숨을 던지는 불행한 사태까지 발생하였다.

박근혜 전 대통령은 태극기집회에 참석한 사람들이 촛불집회에 나온 사람들보다 두 배 많다는 소리에 함몰되어 탄핵이 기각될 것이라고 안일하게 대처하다 참화를 당했다. 지난 18대 대선에서 박근혜 전 대통령을 지지했던 40%가 떠났는데도 위기의식을 느끼지 못하고 목소리 큰 5%도 안 되는 세력에 목숨을 건 것이다. 정보의 공유로 정확한 민심을 파악하기보다는 감정의 공유로 스스로 나올 수 없는 무덤을 만들었던 것이다. 문재인 후보가 2012년 SNS 잘하는 젊은 층만이 표심이라 착각한 것과 같은 현상을 되풀이한 것이다.

지난 2017년 대선에서도 홍준표 자유한국당 후보도 그 길을 답습했다. 이번 선거는 SNS밖에 없다며 SNS을 최상의 선거운동 도구로 생각했다. 소수의 태극기 우파 세력을 민심의 척도로 생각했다. 민심은 굳건한 국가를 원하기보다는 올바른 국가가 만들어지기를 바라는 데 세상민심과는 동떨어진 '대선은 체제 선택 전쟁' 이라고 외쳤다.

눈에 보이는 것만이 민심이 아니다. 눈에 보이지 않는 민심이 더 무섭다. 문재인 후보가 SNS를 버리고 해남 땅끝마을까지 찾아다니며 바닥의 민심을 알려고 했을 때, 홍준표 후보는 SNS에 취하고 태극기 세력에 휘둘렸다.

홍준표, 보수 적폐 청산을 위한 모래시계 검사가 되었어야

전영준

홍준표 후보는 박근혜 전 대통령과 친박 핵심 처리에 대한 스탠스가 무너졌다. 제19대 대선에서 홍준표 후보의 24% 득표는 후보 등록 전까지 7%의 지지율을 기록한 것에 비하면 괄목할 성적이다. 그러나 시대의 트렌드를 잘못 읽어 자유한국당이 득표할 수 있는 최소 수치인 35%를 얻는 데 실패했다.

보수우파의 자산이 된 홍준표 후보가 자유한국당을 복원한 것으로 만족한다고 했다. 하지만 미래를 다시 창조하려면 지난 6개월 동안의 정치 상황을 살펴봐야 할 것이다.

2016년 12월 탄핵 소동 이후 필자가 칼럼이나 페이스북에 쓴 글을 요약해서 19대 대선을 복기해 본다.

탄핵 정국 그리고 정치 상황

지난 20대 총선 양립兩立을 부정한 친박과 비박의 분열은 분당과 탄핵의 과정에서 국민적 분노가 고스란히 여론조사에 반영되었다. 지난 4월 14일 현재 홍준표 후보의 지지율은 7%였다. 당시 혹자는 후보 단일화만 하면 이긴다고 했다. 현실을 모르고 하는 소리였다.

각종 여론조사를 보면 우파 후보 단일화를 해도 지지율 급상승은 어려웠다. 이유는 홍준표 후보의 역량 부족이 아니라 최순실 일당에 대한 국민적 분노 때문이다. 최순실 일당에 대한 국민적 분노는 상상 이상으로 크다. 대통령이 탄핵되고 구속되어도 그 분노는 가라앉지 않았다.

최순실사태에 대해 명백한 입장을 밝혀야

선거 기간 내내 최순실 재판에서 드러나는 비하인드 스토리가 언론에 오를 때마다 홍준표 후보에게는 부담이 될 수밖에 없었다. 결국 '최순실사태' 에 대해 명백히 선을 긋지 않고서는 한 발자국도 전진할 수 없었던 것이다.

투표를 하루 앞둔 조선일보가 부정적으로 묘사되는 박 전 대통령의 요리사 김막업 씨의 인터뷰 기사를 하루 내내 게재한 것이 좋은 예다. 따라서 박근혜 전 대통령의 그림자가 드리워 있는 한 국민적 분노에서 벗어나긴 어려웠다. 모래시계 검사로서 최순실 일당에 대한 완전한 청산의 의지를 보여 주어야 했다.

홍준표 후보는 2017년 2월 16일 2심에서 무죄 판결을 받은 후 기자간담회에서 "이 정부의 일부 양박(양아치 친박)들과 청와대 민정수석실 주도로 내 사건을 만들었다. 아무 이념도 없이 그냥 국회의원 한 번 해 보기 위해 박근혜 대통령 치맛자락을 잡고 있던 사람들이 친박이다"라고 말했다.

이어 "그 사람들이 무슨 이념이 있고 대한민국 보수우파에 대한 이론적 정립이나 생각이 있느냐. 난 친박은 궤멸할 것이라고 진즉부터 봤다. 친노는 이념으로 뭉쳐 부활할 수 있지만, 이념이 없는 집단은 정치 집단이 아닌 이익 집단이기에 자기들의 이익이 없어지면 당연히 붕괴된다"고 말해 국민들의 집중적인 관심을 받았다.

그 발언 이후 1%대에 머물렀던 지지율이 조금씩 상승하면서 3%대로 급상승했다. 이후 황교안 권한대행이 대선 불출마 선언을 하면서 지지율이 9%대로 상승했다. 또한 3월 29일 박근혜 전 대통령을 겨냥해 "춘향인 줄 알고 뽑았더니 향단이었다"며 "탄핵 당해도 싸다"고 독설을 날린 직후 리얼미터 4월 3일자 대선후보 지지도 조사에서 한때 12.2%까지 올라갔다.

그러나 홍 후보는 대선후보로 확정되기 전만 해도 친박계에 대해 비판적이었지만, 후보 확정 이후 친박계를 감싸는 모습을 보이면서 되레 4월 3일 이후에는 지지율이 하락하는 추세를 보이고 있다. 지난 4월 4일 대구에서 열린 대구 · 경북 선대위 발대식 겸 필승 대회에는 친박 핵심인 최경환, 조원진 등이 참석했다.

이 자리에서 "5월 9일 홍준표정부가 들어서면 박근혜는 산다"고 주장해 홍 후보의 지지자들도 당황하게 만들었다.

홍 후보는 박근혜 전 대통령과 친박 핵심 처리의 스탠스가 무너졌다

대구 · 경북이 박 전 대통령을 극렬하게 옹호하는 것 같지만 최순실사태 직후 발표한 박 전 대통령 국정 지지도가 10%대에 머무르고 30%대만이 탄핵을 반대하는 것으로 보면 대구 · 경북도 박 전 대통령과 친박 핵심에 대해 우호적이지 않다는 것을 알 수 있다. 대구 · 경북 지역의 목소리가 크다고 그 지역의 민심을 대변하는 것은 아니다. 차분하게 심판하는 다수가 있다.

또한 홍 후보는 85%대의 박 전 대통령 탄핵을 찬성하는 민심과는 반대로 박 전 대통령 탄핵을 비판하는 발언을 했다. 홍 후보는 지난 4월 5일 서울 장충동 반얀트리호텔에서 한국경제신문이 주최한 포럼에서 "집회 시위만으로도 대통령이 탄핵당하는 사태는 민주주의 자체가 뿌리째 뽑힌 것"이라며 "박근혜 전 대통령 파면에 대해 민중재판, 인민재판이다"라고 지적했다.

이 발언은 박 전 대통령의 탄핵을 찬성한 40%대의 보수우파를 인민재판의 동참자로 인식을 심어 주어 분노를 사기에 충분했다.

홍 후보는 15일 오후 2시 부산 서면 쥬디스태화 앞에서 열린 '한반도 안보 기원 부산 애국시민대회'에서도 "탄핵은 정치적으로는 탄핵할 수 있다. 그러나 사법적 탄핵은 맞지 않다. 확정적인 증거가 있어야 한다"며 박 전 대통령을 옹호했다. 이어 "형사소송법상 조사받는 사람, 즉 피의자는 거짓말하는 게 권리다. 거짓말을 하더라도 이를 검찰과 법원이 사실을 밝혀야 한다. 헌재서 법률상으로 헌법 수호 의지가 없다고 말하는 게 맞지 않다"고 말해 헌재의 판결을 부정했다.

선거와 바둑은 철저한 수 싸움이다

리얼미터 4월 2주차(10일~12일) 주중 집계 19대 대선후보 지지도 조사에 따르면, 부산 · 경남 · 울산에서 문재인 후보는 44.6%, 안철수 후보 31.0%, 홍준표 후보 14.3%, 유승민 후보 1.7%, 심상정 후보 2.8%, 기타가 7.2%로 범야권 후보가 78.4%였다. 범야권 대선후보 지지도 합이 78.4%가 되는 부산 · 경남 · 울산에서 이런 발언을 했다는 것이 상식적으로 도무지 이해가 가지 않는다. 대통령이 되기를 포기한 친박 일원이라 할 수밖에 없다.

실제 개표 결과 홍 후보는 32.0%로 문재인 후보의 38.7%에 비해 열세였다. 그 뒤를 안철수 후보가 16.8% ,유승민 후보 7.2%, 심상정 4.9%로 탄핵을 찬성한 세력이 68%를 득표했다. 예상 지지율과 결과에서 차이는 나타났지만, 홍 후보는 부산 · 경남 · 울산에 심혈을 기울였음에도 텃밭에서 1위를 내주는 수모를 면키 어려웠던 것이다.

그러면 홍 후보는 왜 박근혜 전 대통령의 탄핵을 비판하고 친박 핵심들을 옹호하는 스탠스를 취했을까?

홍 후보가 "이번 대선은 4강 구도로 갈 것이다. 좌파 두 명, 얼치기 좌파 한 명, 우파 한 명으로 끌고 가면 불리한 구도가 아니다"라고 주장했듯이 우파를 결집시키기 위한 고육책에서 비롯된 것이라 본다.

그러나 이런 판단이 사실이라면 상당히 잘못된 것이다. 결집시키기 위해 남아 있는 우파는 10%대밖에 안 됐다. 18대 대선에서 박근혜 전 대통령의 득표율 51.6%에서 떠난 우파 40%를 제외하면 홍 후보가 가져올 수 있는 수치는 11%였다. 유승민 후보 지지율을 합해도 남아 있는 11%를 자기 편으로 만들기 위해 박 전 대통령에 대한 우호적인 스탠스는 정말로 이해하기 힘들었다. 다시 말하면 소수의 친박은 생존하지만, 보수우파는 궤멸하는 형국이 될 것이라는 것이다.

바둑에서 자신이 고심 끝에 두었던 돌들을 희생하며 다른 이득을 취하는 전략을 사석捨石 작전이라고 한다. 홍준표 후보가 지지율을 회복하기 위해서는 박 전 대통령이 놓았던 돌들을 과감히 포기해야 했다. 먼저 놓은 돌 의식하다 대마가 잡히기 때문이다.

97년 대선에서 김대중은 DJP연합을 추진하자 전통적 지지자들은 쿠데타의 원흉과 어떻게 연합을 할 수 있냐고 신랄하게 비난했다. 설득이 안 되자 김대중은 그 지지자들을 포기하고 과감히 DJP연합을 성사시켰다. 2%를 얻기 위해 1%를 포기한 것이다.

문재인 · 안철수 · 심상정 야권 후보 등의 지지율 합 85%, 탄핵 찬성 세력들 85%, 이런 상황이 작년 11월 이후 계속되고 있다. 죽어야 할 돌을 버리지 않으면 아무리 좋은 정책과 도전적 이슈 파이팅, 정치공학적 보수 대통합도 아무 의미 없음을 알아야 한다.

홍준표 후보는 보수 적폐 청산 위한 모래시계 검사로 돌아와야

홍준표 후보는 모래시계 검사 이미지를 갖고 있다. 그런 이미지를 되레 문재인 후보와 안철수 후보에게 빼앗겼다. 문재인 후보는 집권 여당 적폐 청산을 선전구호로 삼고 있다. 사실 적폐라는 말은 노무현 정권 말기의 참상에서 비롯된 것인데 지금 오히려 문재인 후보가 적폐 청산을 운운하니 참으로 아이러니하다.

박 전 대통령을 옹호하는 무능한 변호사 이미지보다는 모래시계 검사 이미지를 갖고 있는 홍준표 후보가 적폐청산의 주역이 되어야 했다. 모래시계 검사의 이미지를 회복하기 위해서는 일관되고 과단성 있는 실천 의지를 보여야 했다.

홍준표 후보가 선제적으로 '박근혜와 최순실 적폐 청산', '노무현정권 부패 청산', '김대중정권 종북 청산' 등을 내세웠다면 중도보수는 큰 관심을 기울였을 것이다. 박근혜 전 대통령 탄핵에 찬성했던 중도보수에게 해결책 없이 무조건 지지해 달라고 했으니 그들의 생각을 돌릴 수 없었던 것이다. 대통령 당선되면 수사 다시하고 사면해 주겠다며 박근혜 전 대통령을 옹호하는 홍 후보를 지지하는 것은 양심에 반하는 것이라 생각했을 것이다.

홍준표 후보의 경쟁자이자 적은 지난날 본인을 괴롭혔던 박 전 대통령과 친박 핵심들, 그리고 애국팔이 사이비 보수들이다. 홍준표 후보가 미래의 희망이 되려면 자유한국당 적폐 대상들과 절연하고 보수 통합의 가치 명분을 만들어 내야 할 것이다. 대한민국을 괴롭히고 있는 친노 세력과 박지원 세력 척결의 주도권을 청산 대상인 친박들에게 주어서는 절대 안 된다. 대한민국이 망하고 보수가 망한다.

애꿎은 여론조사에 시비 거는 불쌍한 보수우파

고성혁

보수우파 궤멸, 박근혜 전 대통령의 책임이 가장 크다

19대 대선 여론조사 결과는 충격적이다. 지난 7일 리서치뷰의 4월 1주차 정기조사에 따르면 18대 대선 박근혜 투표자 층에서 이번에는 안철수 후보로 옮겨간 비율이 46.9%에 이른다는 여론 조사 결과다. 그뿐 아니라 4월 11일 중앙일보도 비슷하게 보도했다. 중앙일보의 '5.9 대선의 급소①' 제목의 기사에서는 2012년에 박근혜 전 대통령에게 투표했다는 응답자의 48.3%(칸타퍼블릭 · 서치플러스 · 리서치앤리서치 조사 평균)가 지금은 안철수 후보를 지지한다고 구체적으로 숫자를 제시했다.

그 결과 홍준표 후보의 지지율은 매우 저조하다. 한국갤럽이 14일 발표한 대선후보 지지율은 문재인 40%, 안철수 37%, 홍준표 7%, 유승민 · 심상정 각 3%다. 불과 20여 일 남은 대선을 앞두고 우파 후보의 지지율 합계는 겨우 10%다. 이 상태로 지속된다면 선거비 보전을 받을 수 있는 15%선도 장담할 수 없는 상태다.

우파 오피니언 리더 그룹에서조차도 여론조사를 믿을 수 없다고 부정하는 이들이 많다. 우파 성향 후보의 지지율이 10%를 밑도는 현상은 1948년 대한민국 정부 수립 이후 처음 있는 일이다. 그러다 보니 우파 성향 유권자들은 충격적인 결과를 믿을 수 없다고 부정하고 있다. 마치 처음 암 진단을 받으면 부정하고 싶은 심정과 같다.

박근혜 지지율이 높은 여론조사는 믿고 떨어지면 안 믿나?

여론조사 결과를 믿을 수 없다고 하는 이유는 크게 두 가지로 요약할 수 있다.

첫 번째는 여론조사 응답률이 너무 낮다는 주장이고, 두 번째는 지난 총선에서 여론조사가 번번이 틀렸다는 주장이다.

그렇다면 왜 이토록 우파 쪽에서 여론조사에 시비를 걸까? 무엇보다도 우파 후보의 지지율이 너무 낮은 것에 대한 불안감 때문이다. 좌우지간 대통령 선거 관련 여론조사를 믿을 수 없다고 말하는 것은 대체로 수학적 모델인 통계를 몰라서 하는 말이다.

먼저 표본 조사의 응답률은 중요하지 않다. 중요한 것은 응답자 수다. 즉 표본 양이 많은가 적은가 하는 샘플 양量이다. 통계 기법상 표본 수가 많으면 많을수록 좋다. 보다 현실에 가까운 결과를 얻을 수 있기 때문이다. 1만 명에게 전화를 걸어서 1천 명에게 답을 들었다면 응답률은 10%이지만 표본 수는 1천이다. 1천 명 정도라면 충분히 결과를 얻을 수 있는 표본 양이다. 수학적 통계 기법이 이를 증명한다. 다시 말하지만 응답률이 중요한 것이 아니라 응답 수가 중요한 것이다. 1000명 정도면 충분한 샘플링이다.

총선에서 여론조사 결과가 틀리다고 대선도 믿을 수 없다고도 한다. 이것 역시 여론조사 통계를 몰라서 하는 말이다. 총선은 모집단 자체가 대선에 비하면 적다. 총선의 지역별 유권자 수는 고작 많아야 수십만이다. 그러나 대선 관련 유권자 수는 정확하게 4,239만 명이다. 모집단(유권자 수) 자체가 급이 다르다. 총선은 적은 숫자의 모집단(유권자)에서 샘플링을 하기에 편차가 클 수밖에 없다. 그러나 대선은 매우 큰 동일한 모집단(4,239만 명)에서 충분한 샘플링을 하기에 거의 정확한 결과를 도출한다.

흔히 침묵하는 다수, 또는 샤이shy 보수를 말하면서 전국을 뒤흔든 500만 태극기집회를 거론하는 이들도 있다. 500만 태극기라면 전체 유권자 4,239만 명의 11.7%다. 문제는 유승민 후보를 제외하면 우파 후보 지지율 총합이 7% 정도에 불과하다는 점이다. 500만 태극기집회 참가자 수보다 훨씬 못 미친다는 점이다. 결국 태극기집회는 민심을 대변한 것이 아니라는 사실이다.

여론에 시비 걸기보다는 왜 2012년에 박근혜를 지지했던 유권자 중에 현재는 무려 46%나 안철수를 지지하는지 그 원인을 분석하는 것이 우파가 해야 할 일이다.

박근혜 지지자 중 46%가 안철수에게 간 까닭은?

문재인만큼은 안 된다는 것이 우파 유권자의 가장 큰 공감대다. 그 결과 안철수 후보의 지지율이 급등했다고 전문가들은 분석한다. 홍준표 후보의 지지율이 10%에도 미치지 못하는 이유도 있다. 최악을 선택하느니 차악을 선택하겠다는 우파 유권자의 심리가 투표까지 연결될지는 지켜봐야 할 일이지만 현재까지의 상황은 그렇다.

그리고 또 하나의 이유는 박근혜정부의 완전 실패도 작용한다. 믿었던 박근혜에 대한 실망감과 상실감, 그리고 배신감이 우파에 대한 환멸로 이어진 부분도 없지 않다. 직접적으로 표현하는 대신 지지율의 변화로 표현한 것으로 해석할 수 있다.

최악을 선택하느니 차라리 차악을 택하겠다는 것은 우파 유권자의 애절하고도 어쩔 수 없는 자기방어 본능이다. 이 지경까지 온 데에는 근본적으로 박근혜 전 대통령의 책임이 가장 크다. 정치를 잘했더라면, 열 번 양보해서 탄핵만이라도 면했다면 번갯불에 콩 볶는 '장미대선' 은 없었을 것 아닌가.

2006년 열린우리당, 2018년 자유한국당

전영준

6 · 13 지방선거가 4개월여 앞으로 다가오면서 속속 발표하는 언론사들의 지방선거 광역단체장 여론조사 결과를 보면 더불어민주당 '초압승', 자유한국당은 '대참패'다. 각종 여론조사를 보면 선거 때마다 접전 지역이었던 서울 · 경기 · 인천은 물론 자유한국당의 텃밭으로 불리던 부산 · 경남 · 대구에서도 더불어민주당 후보가 우세한 것으로 나타나 충격을 주고 있다. 문재인 대통령의 높은 지지율 속에 자유한국당은, '문재인정권 심판론'과 '문재인정권 견제론'으로 국민들에게 호소하며 지지 세력을 결집하고 한판 승부를 펼치려 할 것이다.

물론 4개월 뒤 선거에서도 실제로 이 같은 여론조사 결과가 나타날까 생각하는 사람들이 있지만, 역대 지방선거 통계를 보면 큰 변수가 없는 한 이대로 적용될 확률이 높다.

선거는 결국 구도다. 구도란 출마 지역구에서 선거를 둘러싼 당시의 지역적 정치 환경, 출마자 경쟁 상황, 그리고 전략적 대립 구도 등을 말한다. 즉, 이슈와 인물에 의해 다자구도니 양자구도니 하는 경쟁 체제가 만들어져 더불어민주당 또는 자유한국당에 유 · 불리한 선거 상황이 만들어진다.

지방선거를 앞둔 자유한국당은 선거구도 측면에서는 상당히 불리하다. 같은 지역과 계층을 기반으로 하는 바른정당과 국민의당이 통합해 바른미래당이 창당됐기 때문이다. 바른미래당은 자유한국당 탈당 세력이 주축인 바른정당과 호남을 기반으로 하는 국민의당과 통합했지만, 지지자들이 과거 자유한국당을 지지했기에 지지 기반이 같다. 과거 한울타리에서 동고동락했던 자유한국당과 바른미래당이 분열된 것은 2016년 총선 결과 책임론과 이어지는 박근혜 전 대통령의 탄핵이라는 이슈 때문이다. 이슈가 결국 야권 분열, 보수 분열이라는 구도를 만들었으며, 양당 모두 지지율이 낮다 보니 선거에서 경쟁력 있는 인물을 영입하기 힘든 악순환이 발생한 것이다.

2006년, 진보 진영의 대참패를 불러온 '분열'

2006년 치러진 제4회 지방선거에서 당시 야당인 한나라당은 광역단체장 16곳 중 12곳을 차지하는 '초압승'을, 여당인 열린우리당은 겨우 1곳을 건지는 '대참패'를 기록했다. 열린우리당의 참패는 2004년 총선 압승 이후 계속되는 계파 싸움으로 당 대표가 일 년에도 수 차례 바뀔 정도로 갈등이 2006년 지방선거까지 심화되면서 이미 예견됐었다. 특히 노무현 전 대통령의 한나라당에 대한 '대연정' 제안은 지지자들의 대거 이탈을, '원 포인트 개헌' 제안은 장기 집권을 위한 꼼수라고 국민들한테 비판을 받았다.

그런 분위기 속에서 당시 박근혜 한나라당 대표는 노무현 정권하에서 치러진 각종 선거를 승리로 이끌며 '선거의 여왕'으로 등극했다. 하지만 노무현 전 대통령의 자충수와 열린우리당의 분열로 얻은 반사이익으로 결국 탐욕과 자만, 교만으로 가득 차게 하는 동력으로 작용해 탄핵이라는 부메랑이 되었다.

〈제4회 전국 동시 지방선거〉

연도	구분	한나라당	열린우리당	민주당	국민중심당	민주노동당	기타
2006년	광역단체 비례대표 득표율	53.76%	21.62%	9.93%	2.23%	12.06%	0.40%
	광역단체장 획득수	12명	1명	2명		1명	

■ 자료:중앙선거관리위원회 선거통계시스템

위의 자료를 보면 광역단체 비례대표 득표율이 당시 한나라당은 53.76%, 열린우리당 21.62%, 민주당 9.93%, 충남을 기반으로 한 보수 정당인 국민중심당 2.23%, 민주노동당 12.06%다. 민주당은 2004년 열린우리당을 탈당하지 않은 세력들이 호남을 기반으로 암중모색하다 결국은 2006년 열린우리당의 참패를 가져오게 했다.

정리하면 박근혜 한나라당 대표가 선거를 잘 이끌어서가 아니라 열린우리당과 민주당의 분열로 한나라당에게 유리한 다자구도가 조성되었기 때문이라는 사실을 봐야 한다는 것이다. 2006년 광역단체 비례대표 득표율은 사실상 당 지지율이라 할 수 있는데, 지금의 각 정당 지지율과 동일하게 분포하고 있다는 것을 알 수 있다. 언론사들에서 발표하는 각 정당 여론조사를 보면 자유한국당 10~20%, 더불어민주당 45~50%, 바른미래당 5~10%, 정의당 3~7%, 국민의당 3% 내외 등이다.

만약 이런 여론조사 결과가 계속 이어져 이번 6 · 13 지방선거의 당 지지율로 연결된다면 제4회 지방선거와는 반대 되는 결과로 나타날 수 있다. 이번 지방선거는 문재인 정권 초반기에 치러진다. 분위기상 자유한국당에 대한 동정보다는 심판이 계속될 것으로 보인다. 야당의 전가의 보도인 '정권 심판론'과 '정권 견제론'도 보수의 분열로 강하게 감지되지 않고 있다.

2010년 한나라당은 패배했지만 보수와 진보는 무승부

〈제5회 전국 동시 지방선거〉

연도	구분	한나라당	민주당	선진당	국민참여당	민주노동당	기타
2010년	광역단체 비례대표 득표율	39.83%	35.10%	4.53%	6.65%	7.35%	6.54%
	광역단체장 획득수	6명	7명	1명			2명

■ 자료:중앙선거관리위원회 선거통계시스템

선거 전문가들은 2010년 지방선거 예를 들며 3월 26일 발생한 천안함 침몰 사건이라는 안보 이슈까지 발생해 한나라당은 승기를 잡은 분위기였다.

하지만 개표 결과 실제 민심은 예상과 달랐다. 야당인 민주당이 7곳, 무소속 2곳, 자유선진당이 1곳을 획득했다. 여당인 한나라당은 6곳만 얻었다. 자유선진당이 국민참여당과 민주노동당의 득표율보다 못한 상황에서 광역단체장 1석을 얻은 것은 충남이라는 지역기반을 통한 표의 응집력이 강했기 때문이다.

광역단체 비례대표 득표율은 당시 한나라당은 39.83%로 제4회보다 약 14% 하락했다. 민주당은 35.10%로 약 13%가 상승했으며 4회 때 12%를 얻은 민주노동당은 유시민 전 의원이 이끈 국민참여당(6.65%)과 양분하여 7.35%를 기록했다. 지지율이 경쟁하는 당보다 압도적으로 높지 않으면 승리하지 못한다는 것을 보여 준 것이 제5회 전국 동시 지방선거이다.

자유한국당 홍준표 대표는 6 · 13 지방선거에서 6곳 승리가 승패에 대한 바로미터라며 6곳 이상의 광역단체장 선거 승리를 장담했다. 그러나 제5대 지방선거에서 당 지지율이라 할 수 있는 광역단체 비례대표 득표율 39.83%를 얻고도 6곳밖에 승리하지 못했는데 지금의 당 지지율 가지고는 거의 힘들다는 판단이다.

2014년 새누리당이 이겼지만 실제는 무승부

〈제5회 전국 동시 지방선거〉

연도	구분	새누리당	민주당	정의당	기타
2014년	광역단체 비례대표 득표율	48.47%	41.27%	7.76%	2.54%
	광역단체장 획득수	8명	9명		

■ 자료:중앙선거관리위원회 선거통계시스템

2014년 지방선거에서는 역대 지방선거와는 달리 다자구도가 아닌 양자구도로 치러졌다. 결과는 새누리당 8곳, 민주당 9곳 사실상 무승부였다. 당시 언론에서는 4월 16일 터진 세월호 침몰로 박근혜정권에 대해 '세월호 심판론' 이 제기되면서 새누리당의 참패를 예견했다.

이와 같은 결과를 보면 이번 지방선거의 이슈와 인물은 정해졌다. 여당 입장에서 보면 제일 큰 이슈는 '자유한국당의 적폐 청산' 이, 야당 입장에서는 '더불어민주당의 독주 견제' 다.

그러나 현재의 문재인 대통령 지지율, 정당 지지율 기준으로 보면 더불어민주당이 유리하다고 본다. 선거의 승패로 작용하는 후보에 대한 지역별 평가도 정당을 보고 찍는 현 우리의 정치 풍토상 당 전체적으로 볼 때는 크게 작용하지 않을 것이다.

그렇다면 결국 선거의 구도인데, 지금의 상황을 보면 이번 제7회 지방선거는 지난 2006년 지방선거의 판박이가 될 확률이 높다. 역대 지방선거 결과를 유추해 보면 이번 지방선거에서는 자유한국당 2~3곳, 더불어민주당 14~15곳, 호남이 주요 지지 기반인 민주평화당은 잘하면 호남에서 1곳을 당선시킬 수 있을 것으로 보인다.

바른미래당은 선전은 하겠지만 확실한 지역 기반이 없어 광역단체장 1곳도 당선시킬 수 없을 것으로 보인다. 하지만 미래를 내다볼 수 있는 기회는 얻을 수 있다.

문제는 지금의 자유한국당이다. 이대로 가면 대참패인데, 어떻게 하면 위기를 극복할 수 있느냐이다. 텃밭을 잠식하고 있는 바른미래당의 지지율을 5% 아래로 끌어내리고, 관망하고 있는 부동층을 전부 끌어 모으면 약 40% 지지율을 획득할 수 있다. 그러면 광역단체장 8, 9곳에서 승리할 수 있다.

단, 전제가 있다. 자유한국당과 홍준표 대표의 리더십이 혁명적으로 변해야 한다. 지금의 당 체제가 국민들에게 인정받을 수 있는 비대위 체제에 버금가게 환골탈태해야 한다. 즉 홍준표 대표가 마음을 비워야 한다는 것이다.

바른미래당과 지역별 선거 연대를 고려해 볼 수 있다. 자유한국당의 홍준표 대표 체제도 살고, 바른미래당의 현 체제도 사는 방법이다. 그러나 유승민 대표가 지방선거 이후 사퇴할 것이라고 공언한 바 있어 쉽지 않다. 즉 바른미래당은 광역단체장 1석도 못 건지더라도 자유한국당의 몰락을 지켜보겠다는 것이다.

자유한국당의 경쟁자는 더불어민주당이 아니라 바른미래당이다. 연대의 손을 내밀 것인가, 아니면 모든 것을 내려놓고 바른미래당을 압사시킬 것인가 하는 문제는 자유한국당 지도부가 아니라 당원들의 손에 달려 있다.

6 · 13 지방선거 여론조사를 부정한 홍준표

전영준

6 · 13 지방선거가 3개월여 앞으로 다가오면서 속속 발표하는 언론사들의 당 지지도 조사를 보면 더불어민주당의 승리와 자유한국당의 참패가 예견된다. 각종 여론조사를 보면 선거 때마다 접전 지역이었던 서울 · 경기 · 인천은 더불어민주당의 지지도가 압도적으로 나오고 있으며, 자유한국당은 20%를 넘지 못하고 있다.

또한 자유한국당의 텃밭으로 불리던 부산 · 경남 · 대구에서는 지지 정당 '없다/모르겠다' 등의 무당층이 40%를 상회에 자유한국당에 적신호가 켜지고 있다. 물론 3개월 뒤 선거에서도 실제로 이 같은 여론조사 결과가 나타날까 생각하는 사람들이 있지만, 역대 지방선거 통계를 보면 큰 변수가 없는 한 이대로 적용될 확률이 높다.

서울대 폴랩(Polllab · 한규섭 교수 연구팀)이 3월 7일 발표한 '폴랩 지지율 지수'에 따르면 정당 지지율은 더불어민주당이 44.4%로 1위로 압도적이다. 그 다음은 자유한국당(17.4%), 바른미래당(7.9%), 정의당(6.1%), 민주평화당(1.8%) 순이었다. 폴랩의 '폴랩 지지율 지수'는 선관위에 신

고된 각종 여론조사 기관의 조사 결과를 취합해 분석한 것으로 특정 조사 기관이 가진 왜곡을 최대한 제거한 수치라 민심 반영에 더 가깝다.

하지만 자유한국당은 지난 3월 5일 '한국갤럽은 자유한국당에 대해서만 유독 낮은 결과를 발표하고 있다' 며 여론 조작을 하고 있는 것은 아닌가 하는 의혹을 제기했다. 자유한국당 홍준표 당대표도 1월 26일 본인의 페이스북에 "더 이상 참고 볼 수가 없어 이제 본격적인 대책을 준비하고자 한다. 한국갤럽의 여론조사 문제다"라고 문제 제기를 했다.

또한 여론조사와 정책 개발을 책임지고 있는 김대식 여의도연구원 원장은 3월 6일 각종 여론조사에서 한국당 지지율이 민주당의 절반에도 미치지 못하는 것에 대해 "여론조사 사각지대를 눈여겨봐야 한다. 여론조사에 응하지 않는 '샤이shy층' 은 보수우파가 진보좌파의 두 배에 달한다"며 낙관적인 견해를 내보냈다.

그러면서 "이번 6 · 13 지방선거는 '죽고 사는 문제(안보)' '먹고 사는 문제(경제)' 가 걸린 선거"라며 '문재인 정부의 실정으로 이미 밑바닥 민심은 요동치고 있다' 고 말했다.

구분	시·도 지사선거	구·시·군 의장선거	시·도의회 의원선거	구·시·군의회 의원선거
더불어민주당	22	271	378	573
자유한국당	16	146	185	394
바른미래당	5	46	26	138
민주평화당		7	18	33
정의당	5	6	5	39
기타	9	32	57	173
계	57명	508명	669명	1,350명

■2018년 3월 8일 현재 제7회 전국동시지방선거 예비후보 등록자 현황. 자료@중앙선거관리위원회

중앙선거관리위원회에 등록된 제7회 지방선거 정당별 예비후보자 수를 보면, 한국갤럽의 여론조사가 문제가 있다는 홍준표 대표의 지적과, 한국갤럽의 여론조사가 조작의 의심이 간다는 자유한국당 관계자의 의혹 제기, 김대식 원장의 밑바닥 민심이 요동치고 있다는 생각 모두 틀리다는 것을 알 수 있다. 민심이 요동을 치고 있는 것이 아니라 민심이 자유한국당을 떠나고 있는 것으로 나타나고 있다.

과거 지방선거 예비후보자와는 판이한 것으로, 심지어는 같은 지지기반을 갖고 있는 바른미래당의 예비후보자 수도 만만치 않아 자유한국당은 쉽지 않은 선거가 될 것으로 보인다.

자유한국당은 이번 지방선거에서 '문재인 정권 심판론'과 '문재인 정권 견제론'으로 국민들에게 호소하며 지지세력을 결집할 것으로 보인다. 그러나 현재의 문재인 대통령 지지율, 정당 지지율 기준으로 보면 지지세력 결집보다는 더불어민주당의 지지세력이 더 견고해질 게 확실해 보인다.

박근혜 전 대통령 2심 재판이 진행되고 있는 과정에서 문재인정권 심판론보다는 '보수정권 적폐 청산론'이 더 국민들에게 호소력 있게 받아들여질 수 있기 때문이다. 지방선거에서는 인물 평가가 많이 작용하지만, 지금의 정치 환경에서는 정당을 보고 찍는 현 우리의 정치 풍토상 크게 작용하지 않을 것으로 보인다.

현 추세라면 예비후보자 등록이라는 뱃고동 울릴 때 이미 판세는 기울어졌다. 배 떠나면 자유한국당이 난파선이 되었다고 중도에 하선할 예비후보자가 되레 생길 것으로 보인다. 지금의 정당 지지율이라면 자유한국당은 지방선거에서 희망대로 광역단체장 6석 이상 획득하지는 못할 것으로 보인다.

자유한국당은 지난 2월 2일 상임전국위와 전국위를 열어 2016년 총선을 앞두고 국민 여론을 반영해 상향식 공천을 하겠다며 없앴던 전략공천제도도 다시 부활시켰다. 그러나 이 전략 공천이 홍준표 대표 체제를 강화하는 것으로 활용된다면 역풍을 맞을 것이다. 예비후보자 등록을 한 사람이 경선에도 참여하지 못하고 낙마한다면 무소속으로 출마할 수 있어 그나마 있는 표도 분산시킬 수 있기 때문이다.

자유한국당이 불리한 구도하에서도 승리하려면 박근혜정권과 밀접하게 연루된 인물들을 배제한 채 당원이 참가해 직접 후보를 선출하는 상향식 공천이 되어야 한다. 과거와 단절하는 인물 공천을 해야 한다. 또한 지역별 선거 연대를 바른미래당과 해야 한다. 같은 지지기반을 갖고 있는 두 당이 박빙 승부처에서 더불어민주당과 경쟁을 펼치면 필패는 명약관화하기 때문이다.

자유한국당 보니 '이제 먼 길 떠나는구나!' 심정

최성환

2018년 6월 13일 지방선거가 여론조사 발표대로 더불어민주당의 일방적인 승리로 끝이 났다. 어느 정도 예상을 했기에 마음을 비운 상태에서 선거를 보니 편하기도 했고, 너무 '원사이드' 해서 무기력한 모습만 보니 재미도 없었다. 보수우파 성향의 시민들의 지지를 받던 껍데기만 보수인 암 말기 정당들의 시한부 선고를 보는 듯 개표 상황을 보면서 화조차 나지 않았다. '어르신께서 (시한부 선고받고) 이제 먼 길 떠나는구나' 이런 심정이었다.

혹자들은 보수 정당의 선거 참패 원인으로 탄핵 이후에 대한 오만하다 싶을 정도의 덮고 가자는 식의 대처를 꼽는다. 그저 내세우는 것이 자유한국당 당대표의 막말 논란이나 선거 도중 일부 당내 의원들의 당대표에 대한 분탕 행위만을 지적한다. 하지만 이런 주장들은 선거 기간 동안의 문제로 꽃의 잎과 줄기 같은 땅 위에 올라온 부분만으로 판단한 협소한 분석이다.

꽃은 땅 속에 뿌리가 있으며 직접 흙을 파는 수고를 하면서 뿌리를 봐야 하는데, 모든 문제의 시작인 뿌리의 상태가 썩은 것을 못 봤다. 그것은 바로 탄핵에 대한 홍준표 전 대표와 자유한국당 의원들의 미흡한 대처였다.

자유한국당이 탄핵에 대처한 방식은 시간이 흐르면 알아서 잊히지 않겠냐는 식의 무시 전략 수준이었다. 대단히 안이하고 나이브한 대응이라고 아니 할 수 없다. 중간에 박근혜 출당이라는 조치가 있었지만, 그것은 상징성 이상의 가치가 없었고, 그저 죽은 자식 뭐 만지는 수준의 처방이었다.

2016년 12월 국회 탄핵 소추가 된 이후 자유한국당의 전신인 새누리당은 원내대표를 선출하는 투표를 실시했다. 이 과정에서 친박 성향의 정우택 의원이 비박 성향의 나경원 의원을 이기고 원내대표가 되었다.

그러자 비박들 중에 일부가 승복을 거부하고 대거 탈당해서 '바른정당' 이라는 또 하나의 원내교섭단체를 만들었다. 그 동안 당 내의 단순 갈등으로 여겨졌던 보수 계파 분열을 석유 시추하듯 만든 것이 그들 비박이었다. 그리고 탈당했던 33명 중에 2/3 이상이 복당을 하는 동안 기존에 지지했던 사람들한테 석고대죄의 시늉조차 없었다. 탄핵의 찬반 여부는 정치적 판단이지만 혼란한 상황에서 자기만 살겠다고 분당시킨 것은 무능함을 스스로 인정한 행동으로 비판받아 마땅하다.

그러면 친박은 잘한 것일까? 박근혜 전 대통령이 과거 당대표를 하던 시절부터 대통령이 되어 최순실 국정농단 사태가 터지는 동안 박근혜라는 상품을 이용만 했지 스스로가 그 상품을 R&D할 생각도 의지조차 없었다. 물론 태생 자체가 그럴 수밖에 없음은 다 아는 사실이기는 하다.

선거 때마다 현수막에 박근혜 전 대통령과 같이 찍은 사진만 걸어 놓고 이용만 했지, 누구 하나 제대로 박근혜 전 대통령한테 잘못 가고 있는 것에 대해 직언하는 사람이 없었다. 금배지를 달려고 그저 '예스맨'으로 충성을 다할 듯이 외치다가 최순실사태가 발생하니 나 몰라라 쥐구멍으로 숨었다.

결국 제대로 된 자아비판 하나 없이 현 정부와 여당 공격만을 하니 과거 박근혜 전 대통령을 지지했던 중도보수층들한테 '싸가지 없는 보수' 이미지만 각인시켜 주었다. 아무리 남에게 옳은 지적을 해도 자기 스스로가 단정하지 못하면 인정받지 못하는 부류들을 사회에서 많이 봤을 것이다. 주변에서는 그런 자들에 대해 '너나 잘하세요' 라는 핀잔만 줄 뿐이다. 이번 선거가 자유한국당한테 주는 교훈은 '(민주당이 미투에 걸린 사람이 많든, 문재인이 쇼를 하든, 김경수가 검찰 조사에 비협조적이든, 이재명이 과거에 가족한테 무슨 말을 했든) 자유한국당 너나 잘 하세요' 아닐까?

흔히 '사람은 자기만 잘하면 굳이 남을 지적해서 까내리지 않아도 인정을 받게 된다' 는 말을 한다. 반대로 생각하면 '남에게 지적질을 해도 자기가 오십보백보면 돌아오는 것은 핀잔과 질타' 뿐이다. 경기도지사 후보로 나온 남경필 지사가 이재명 전 시장에게 패배한 것도 경기도 유권자들의 오십보백보의 마인드가 아니었을까?

제7부

대한민국 보수우파 혁신의 길

탄핵 수용해야 집권 정당성 생겨

한정석

문재인 정권이 실책을 거듭한다고 해서, 그것이 박근혜정권의 지배 정당성을 인정케 하는 것이 아니다. 정상적인 정권 교체였다면, 지금 문재인 지지율은 10퍼센트대도 되지 않았다. 그럼에도 문재인이 득표율 42퍼센트보다 높은 지지율을 얻는 이유를 뭐라고 해야 할까.

탄핵으로 인해 통치 권력의 정당성의 멸실에 이른 한국당은 지금 거세된 상황이다. 한국당의 기반에 생긴 이 탄핵이라는 파열은 100억 톤의 정치적 콘크리트를 들이부어도 메워지기는커녕 그 깊이를 알 수 없는 좁고 어두운 심연으로 사라지게 할 뿐이다.

아무리 현란한 주술의 미신성이라도 과학의 간단한 합리적 원리 하나를 극복하지 못하는 것처럼, 정치도 지배의 정당성이 훼손당하면 난리법석 약을 쓰며 단결과 총화를 아무리 강조해도 별 소용이 없게 된다. 정치에는 원시적 주술성이 있다. 불임자는, 남자든 여자든 원시 종족 집단에서 배제된다. 재수 없다고 생각되는 까닭이다.

한국당은 먼저 자신이 '옥동자' 정권을 창출하는 데 하자가 없음을 국민들에게 보여 주어야 한다. 지배 권력의 담지자로서 통치의 정당성을 갖고 있음을 국민에게 유효하게 보여 주어야 한다. 바로 탄핵에 대한 입장 정리가 그것이다.

탄핵 입장을 정리해서 수용이든 불복이든 그에 맞는 내용과 형식으로 실천할 수 있어야 한다. 국민들이 한국당에 원하는 것은 '박근혜를 청산하고 넘어서라'는 것이다. 탄핵을 수용하고 그에 맞는 내용과 형식을 갖추라는 요구이자 명령인 것이다. 물론, 국민의 요구라고 해서 모두 수용해야 하는 것은 아니다. 국민을 설득할 수도 있다. 지난 탄핵 심판은 헌정 수호 차원에서 도저히 수용할 수 없다고.

그런데 대체 한국당은 뭘 하겠다는 건가. 거세된 권력, 불임 정당은 먼저 자신을 수술대에 올려야 한다. 시험관 수정을 하든 대리모 임신을 하든 대책을 세워 행동해야 하는 것이다. 선택의 폭이 좁은 국민들로서는 문재인정권을 심판하기 위해서 어쩔 수 없이 한국당을 대안으로 삼아 지지할 수는 있다. 하지만 그 비율이 59:41로 지는 것이라면, 결국은 전체를 지는 것이다.

한국당이 박근혜를 끼고 문재인 정권을 이길 수 있다? 그런 생각은 탄핵이라는 지옥의 심연에서 탈출할 수 없음을 아는 한국당의 자기 도피심리이자 공포의 선택이다. 그런 심정으로 국민들이 이미 버린 박근혜라는 정치 토템에 의존하겠다는 것이다. 이런 것은 사이비 종교의 주술이지, 정치가 아니다.

박근혜 탄핵 판결을 수용하는 것이 이승만 정신

최성환

대학생 우파 단체 트루스포럼에게 트루란?

지난 2018년 9월 29일 토요일, 여전히 서울 시내에는 박근혜 전 대통령 탄핵의 부당함을 알리는 친박 세력의 태극기집회가 열렸다. 보톡스 맞은 것처럼 세월의 흐름에도 똑같은 방식의 집회가 늘상 벌어지는데 뭐가 대수라고 이 글을 썼을까 의구심을 품는 사람들이 있다.

겉으로의 작은 변화가 있었다. 가장 많은 인원수가 집계되는 서울역의 대한애국당이 부산에 내려간 덕에 상대적으로 다른 집회들의 인원수가 소폭 증가했다. 그리고 동화면세점 앞에서의 집회 이름이 '트루스포럼' 거리집회로 바뀌었다. 집회가 열리기 전인 24일에 서울대 트루스포럼(SNU) 페이스북 공식 페이지에 29일 거리집회를 한다는 공지가 떴다. 동화면세점에서 집회를 주최하던 측에서 강권했다는 것이 이유이며 작은 변화라도 지원한다는 뜻으로 수락했다고 밝혔다. 과연 대학생들이 나서면 기존의 고리타분함에서 얼마나 벗어날지 궁금하기도 했다.

어리면 뭐 하나? 말하는 게 딱 노년층인데?

역시나 'Ctrl+C', 'Ctrl+V'의 연속이었다. 탄핵은 부당하고 언론의 선동과 정치 재판이라는 늘 반복되고 지겹고 따분한 얘기들이 나왔다. 청년이나 어른이나 저기 나간 사람들은 주름살 차이 빼고는 별 다를 것이 없었다. 내 마음에 들지 않는 기사 하나만 뜨면 국민이 죄다 선동 당하고, 내 마음에 들지 않는 판결이면 죄다 정치재판인가? 부당하다고만 주장하지, 이걸 어떻게 구체적으로 하자는 전략은 없었다. 그저 알릴 뿐이란다.

어떻게 알릴 건가?

종이 신문이나 포탈 배너에 돈을 써가며 알릴 건가?

영화 〈헝거게임; 모킹제이 part1〉에 나오는 해적 방송처럼 중앙정부를 해킹이라도 할 건가? 프랑스대혁명 당시의 바스티유감옥 습격처럼 폭동이라도 일으킬 것인가? 1991년, 강기훈 유서 대필 논란 때 진보 진영의 대학생들이 연쇄 분신자살한 것처럼 각 대학교 앞에서 분신이라도 할 건가?

2018년 9월 29일, 동화면세점 앞 태극기집회 당시 주최자인 트루스포럼 대표의 개회사 도중 스크린에 노출된 트루스포럼의 핵심 가치이다. 네 번째 탄핵의 부당성이 눈에 띈다.

구체적으로 뚜렷하거나 색다른 방법은 부실했다

중요한 가치라고 해놓고 가치 실현할 구체적 방법도 여태 생각하지 못하면서 그저 한다고만 떠들려고 집회를 추진했나? 회사에서 프레젠테이션으로 보고 발표를 할 때 퍽이나 좋아할 것 아닌가? 지키지 못할 것 같으면 그놈의 탄핵 부당성이라는 핵심 가치 따위 삭제하면 되는 것 아닌가? 남한만의 단독정부 수립을 선언했던 이승만 대통령의 정읍 발언처럼 말이다. 그게 건국의 가치를 인정하는 거니까.

이승만도 자유대한민국을 지키기 위해 친일파를 기용했다

명색이 나이 어려도 미성년자를 벗어났다는 자들 중 복수의 연설자가 박근혜 전 대통령과 탄핵을 언급하며 국회의원들을 비난하는 것이 매우 오만하다는 기분이 들었다. 정치가 애초에 의리만으로 되는 일이었으면 배우 김보성은 벌써 대통령 하고도 남았을 것이다.

그놈의 원죄, 그놈의 배신자 지긋할 정도다. 여러 번 당했다면 본인에게는 책임이 없을까? 제일 가관이었던 것은 사과를 하라는 것이었다. 아니, 사법부에서 판결이 이뤄진 것을 가지고 세상에 승소한 쪽이 패소한 쪽에 사과하는 경우가 어디 있나? 그런 자들이 과연 이승만 대통령의 건국을 운운할 자격이 있을까? 그들의 논리라면 이승만은 자기가 대통령이라는 자리를 위해 나라를 팔아먹고 수십 년 간 호의호식한 매국노와 결탁했다는 것 아닌가?

우남이 대통령이 되기 전 일제시대 소작농을 대거 보유한 지주 출신의 김성수를 비롯한 자들이 중심이 된 한민당과 손을 잡았다. 그래서 이루어 낸 것이 토지개혁이다. 일제 시기 당시 지주로 남을 수 있던 것은 그들이 태평양전쟁 시기 일제에 협력하지 않고는 살아남을 수가 없었다. 그렇게 해서 토지개혁을 한 덕분에 북한의 6.25 남침을 막아냈고, 토지개혁에 실패한 베트남처럼 적화되지 않았다.

상해임시정부 수립을 위해 일본의 감시를 피해 관짝에 숨고 중국인으로 변장까지 해가면서 우남은 상해에 도착했다. 주 활동무대인 미국에서 'Japan inside out' 을 쓰며 일본의 위험성을 경고하던 그 사람이 대한민국에 돌아와서 했던 일들을 잘 생각해 봐라. 결과는 자유민주주의 건국이었지만, 그 과정에서 눈을 한 번이라도 찌푸리지 않을 사람이 몇이나 될까?

일제 시기는 과거였고, 소련을 비롯한 김일성의 위협을 막는 것이 우선이라 생각하던 그는 큰 그림을 본 사람이다. 당시 여운형과 박헌영이 해방 직후 선구회의 여론조사 그대로 정권을 잡았다면 이 나라는 어떻게 되었을까?

지금은 탄핵의 정당성을 따질 상황이 아니라 체제의 위협이 문제다. 눈앞에 흰 쌀밥이 다 식어 가는데, 그게 먹기 싫다고 배를 만져 가며 현

미밥 짓기를 기다릴 것인가? 원래 진실이라는 것은 깊게 알면 알수록 추한 면이 나온다. 탄핵의 진실을 깊게 파헤치면 과연 당사자한테는 피해가 가지 않을까?

이승만 정신도 지금처럼 파헤치다 보니 친일파를 기용했다는 믿기 싫은 진실이 나오지 않았나? 귓구멍도 심하게 파면 고막이 터질 수 있음을 주의하자.

'트루' 라는 이름 함부로 내뱉는 거 아니다.

박근혜 대통령 손을 놓아야 보수우파가 산다

고성혁

태극기 세력은 2019년 4월 현재 대략 여섯 개로 나뉘어졌다. 매주 토요일마다 대한문 앞, 동화면세점 앞, 서울역, 보신각, 파이낸셜센타 앞, 교보문고 앞에서 저마다 태극기를 들고 박근혜 석방을 외친다. 집회에 모인 사람들은 정말 간절하게 외치는 이들도 있겠지만, 밖에서 보는 시각은 완전히 다르다. 우파 인사들조차도 태극기 세력에 대해 곱지 않은 시선을 보내는 이들이 많다. 태극기 세력을 비판적으로 보는 우파 인사들의 시각은 한마디로 요약할 수 있다. '박근혜팔이!'

아직도 소위 '박근혜팔이'를 한다는 것은 서글픈 일이다. 죽은 자식 불알 만지기요, 밑빠진 독에 물붙기이다. 왜냐 하면 모든 책임은 박근혜 대통령 자신인데 정작 본인은 탄핵 재판에서 스스로의 변론조차 포기했다. 탄핵의 근본 원인은 바로 스스로 변론을 포기한 박근혜 자신에게 있다. 그런데 아직도 박근혜 무죄, 박근혜 석방, 탄핵 무효를 주장하면서 토요일마다 도심 집회를 한다. 언론도 무시하고 시민들도 무시한다. 우파들조차 무시한다. 이런 집회는 안 하느니만 못하다. 이제 박근혜 대통령을 놓아야 한다. 필자는 2016년 11월 14일자 푸른한국닷컴 칼럼을 통해 오늘의 사태를 예견한 바 있다. 당시 칼럼을 소개한다. 2016년 당시를 회고하고 오늘을 둘러보면서 미래를 준비하는 기틀을 마련하자는 차원에서다.

일부 우파 세력이 박근혜 대통령을 옹호하고 나섰다. 대통령 하야에 반대하는 주장을 펼치고 있다. 좌익에게 정권을 넘겨줄 수 없다는 것이 핵심이다. 그러나 하야라는 거대한 쓰나미 앞에 그들의 주장은 찻잔 안에 폭풍조차 되지 못하고 있다. 이유는 간단하다. 문제의 근원은 박근혜 대통령이기 때문이다.

최순실이 청와대 문건을 맘대로 보고 수정하면서 국정에 개입한 것은 분명한 팩트다. 이것은 박근혜 대통령 자신이 인정한 사실이다. 황교안 총리가 버젓이 있음에도 법적 절차를 거치지 않고 책임총리라는 명분으로 김병준 씨를 내정했다. 야당과 언론의 거센 반발에 무릎을 꿇고 총리 임명을 국회에 맡긴다고 하면서 구걸을 했다. 박근혜 대통령은 완전히 무너졌다.

대통령 주변의 문고리 권력 실세는 구속되거나 구속될 처지다. 조사를 하면 할수록 나침반의 바늘이 북쪽을 가리키듯이 박근혜 대통령을 향하고 있다. 곧 대통령 자신이 검찰 조사를 받을 처지다. 사실(fact)은 이념에 우선한다고 했던가? 그렇다면 스스로 무너진 박근혜 대통령을 어떻게 이념의 잣대로 보호할 수 있겠는가? 박근혜 대통령은 사실 우파를 철저히 외면했다. 자신을 지지한 우파보다는 최순실 측근을 전적으로 신뢰하고 기용했다. 그토록 속고도 아직도 정신을 못 차린다면 그것은 병이다.

썩은 밧줄을 붙잡고 있을수록 결국 더 빨리 끊어진다. 그러면 모두가 죽는다. 썩은 밧줄은 놓아야 한다. 그래야 새로운 밧줄을 잡을 수 있다. 우리 정치사에서 대통령의 하야는 이승만 대통령이 처음이었다. 다들 알다시피 3.15 부정선거 때문이다. 비록 이승만 대통령 자신이 직접 지시한 것이 아니어도 부하의 과잉 충성에 이승만 대통령은 하야를 결정했다.

국민들은 떠나는 이승만 대통령을 배웅했다. 이승만 대통령의 하야는 뒤이어 5.16혁명이라는 새로운 전기가 마련되었다. 정치적 순리의 결과였다. 현재 박근혜 대통령을 보호하는 것은 정치적 순리에도 맞지 않다. 이미 권위와 능력을 상실한 박근혜 대통령을 보호한들 깊은 늪에 더 더욱 빠져드는 결과가 될 뿐이다. 조사를 더 진행하여 더 큰 문제가 발생하면 그때는 자진 하야를 하고 싶어도 할 수 없게 될지도 모른다. 최순실사태는 곧 박근혜 대통령 사태다. 분리해서 생각할 수 없다. 우파의 충정은 충분히 이해한다. 박근혜 대통령보다 헌정질서와 국정의 훼손을 막고 싶은 심정을 모르는 바 아니다. 그러나 작금의 상황에서 박근혜 대통령을 옹호한다는 것은 곧바로 최순실을 보호하는 결과가 된다.

이제 박근혜의 손을 놓아야 한다. 대신 반 문재인 연합으로 나아가야 한다. 문재인이 대통령이 되는 것을 반대하는 세력과 연합해야 한다. 새누리당은 이미 유명무실하다. 그렇다면 반문재인 공동전선 외에는 길이 없다. 공동의 적을 두고 연합하면 새로운 활로가 생긴다. 모두 잃는 것보다 일정 부분 건지기라도 하는 것이 낫지 않겠는가?

보수주의 운동의 대각성 일어나야
– 보수우파 정권 재창출 가능성

한정석

대한민국 보수는 가족과 이웃, 그리고 직장과 사회라는 비정치적 영역에서 일대 도덕적 각성의 부흥운동이 일어나야

새누리당이 내부적으로 '자연 상태(State of nature)' 에 접어들었다. 정치철학에서 '자연 상태' 라는 개념은 대단히 중요하다. 루소와 홉스, 그리고 로크와 같은 사회계약설 사상가들은 인간이 자연 상태에서 부딪히는 '무질서' 를 극복하고자 정부를 세우며, 정치 공동체를 형성한다고 봤다.

이러한 '자연 상태' 에 대해 날카로운 인식을 가진 정치철학자가 마키아벨리였다. 그는 '자연 상태에 빠진 국가는 법의 힘으로 재정립할 수 없다' 는 탁월한 성찰을 제공했다. 그러한 무질서를 타파하는 힘은 오로지 법의 제약을 받지 않는 군주의 힘으로만 가능하다는 주장은 마키아벨리를 비도덕적 정치철학자로 낙인찍게 했다.

하지만, 여전히 현실 정치에서 마키아벨리의 '군주론'은 공화제에서 최고 통치자가 무엇을 해야 하는가에 대한 중요한 물음에 답이 된다.

마키아벨리 하면 흔히『군주론』을 떠올리지만 사실 마키아벨리가 하고 싶었던 주장은 '우두머리(Capo)를 만드는 세력의 중요성'이었다. 마키아벨리는 민중의 심리적 경향(umore)에 대해 '지배받지 않으려는 욕구'를 그 본질로 파악했다. 즉 민중은 '자유와 평등'을 원한다. 그것이 정치 수요에 대한 고대 이래로부터의 근본적인 요구다.

차기 보수 정권의 창출은 지도자를 만드는 정치 엘리트들의 로열티와 열정, 노력에 달려 있지만, 한국의 보수 정치 세력은 더 이상 가치 동맹을 만들기 어려운 위기에 직면해 있다. '대세'라던 박근혜 대통령도 지난 대선에서 3.6퍼센트 차로 신승했을 뿐이다.

권력을 추구하는 자들

마키아벨리는 권력의 실패가 일어나는 원인이 민중의 배신 쪽에 있는 것이 아니라 '권력을 추구하는 자들' 쪽에 있다는 점을 깨달았다. 즉, '지배 받지 않으려는' 민중들에 대해 '지배하려는' 엘리트들의 '오만'이 권력 실패의 원인이라는 것이다.

마키아벨리는 민중들이 정치 엘리트들의 '권력' 그 자체를 오만하게 보는 것이 아니며, 그것이 부족하면 신뢰하지 않음을 알고 있었다. 마키아벨리는 훌륭한 지휘관(capitano)과 진정한 영광(vera gloria)이야말로 정치 엘리트가 민중으로부터 권력을 얻는 바탕이 된다고 역설한다.

마키아벨리는 강하고 용감한 인물의 출현만으로 원시 군주정이 성립된다고 보지 않았다. 한 명의 강하고 용감한 인물 대신 마키아벨리가 주목하는 것은 우두머리를 선출하기 위해 모여든 사람들이다. 그는 이렇게 말한다.

"자신들을 더 잘 방어하기 위해, 그들 중에 더 힘이 넘치고 더 용감한 사람을 찾기 시작했고, 이후 그들은 그를 우두머리(capo)로 세우고, 그에게 복종했다"(폴리비오스의 『역사』)

마키아벨리가 옳다면, 차기 보수정권의 창출은 우두머리(Capo)를 만드는 정치 엘리트들의 로열티와 열정, 그리고 노력에 있다. 그들은 정치적 메시아를 잉태하는 '집단적 마리아' 다. 그런 이들이 있어야 차기 미래 권력의 담지자가 등장할 수 있다.

2007년 대선에서 이명박이라는 우두머리를 만든 세력은 '뉴라이트' 라는 존재였다. 이들은 한때 운동권이었으나 전향한 그룹들이 주축이 됐다. 물론 급조된 가운데 그 정치세력에 문제가 있었지만, 어찌 됐든 뉴라이트는 진보좌파 정치세력에 대해 길항적 헤게모니를 행사할 수 있었다.

대선에서 500만 표 차이로 야당 대선 후보를 이겼던 그 힘은 그러나 정작 집권 후, 개혁의 동력을 상실하면서 뉴라이트의 존재감도 사라졌다. 이후 박근혜라는 '오래된 미래' 의 주인공은 흔히 '친박親朴' 과 '박사모' 라는 그룹에 의해 그 지지 바탕을 마련하게 된다.

이들에게는 뉴라이트가 가졌던 이념적 가치에 대한 지성이 박약했다. 박근혜라는 인물 하나로 모든 것이 통용되었고, 그것으로 승부를 보려 했다. 하지만 지난 대선의 과정은 '대세' 라던 박근혜 후보의 '열세화' 과정이었다는 점은 분명하다. 박근혜 후보는 3.6%라는 적은 차로 힘겹게, 막판 보수의 결집으로 승리했다.

이 과정을 분석해 보면, 한국의 보수 정치 세력의 지형에서는 더 이상 '가치 동맹' 에 입각한 정치 주도 세력이 등장하기 어렵다는 점을 알게 된다. 과거처럼 나이가 들면 보수가 된다는 공식도 더 이상 유효하지 않다. 1980년대 민주화 세례를 받은 청년 세대들이 이제 50줄에 이르고 있기 때문이다.

보수에서 정치 주도 세력 등장은 불가능

이들은 경제적으로, 사회적으로 안정화되면서 청년 시절 민중에 대한 부채의식으로 인해 '위선적 진보' 로 기우는 경향이 크다. 아래 세대로부터 자신은 보수가 아니며, 진보적이고 좌파적 세계관을 갖고 있다는 점을 어필해 세대 갈등을 피하려는 방어심리도 무시하기 어렵다.

무엇보다 전국에서 그 뿌리를 내려가고 있는 '협동조합' 과 '사회적 기업' 들의 위상은 로컬과 도시의 풀뿌리 영역에서 진보 성향의 네트워크가 더욱 공고해지고 있음을 시사한다. 대표적인 것이 경기도의 '따복 마을 공동체' 와 같은 지원 정책이다. 서울시의 도시형 조합 공동체는 그 영향력을 로컬 각지에 깊은 뿌리를 내리고 있다.

문제는 이러한 생활 진보의 영역에 보수는 아예 그 흔적도 찾기 어렵다는 사실이다. 진보 · 좌파 운동가들은 자신들의 정치적 베이스와 기지를 생활 정치 영역에서 공고히 하고 있는 반면, 보수 운동가들은 주류 정치세력의 주변을 맴돌며 서로 밥그릇 싸움에 골몰하다가 자멸하는 행태를 보였다.

크게 보자면 그 동안 지방자치라는 것이 보수 진영에게는 그저 마땅치 않은 분권주의로 인식되고 있을 때, 진보와 좌파 운동 세력은 지방의 규제를 먹잇감으로 스스로 주민자치를 통해 그 영향력을 넓혀 왔다. 지방에 기업들이 들어가기 어려우니 자생적 질서로 집산주의와 조합주의가 뿌리를 내리고 있는 것이다.

이런 경향은 장기적으로 대한민국에서 보수 정치세력의 기반이 대단히 축소될 것이며, 상대적으로 진보 · 좌파의 로컬 장악력이 커질 수밖에 없다는 점을 예고한다. 즉 향후 지방자치 선거에서 보수 세력은 전국적 열세를 면치 못할 수밖에 없고, 이 동력이 결국 '지방자치, 지방분권'의 아젠다를 멀지 않은 시기에 대선의 이슈로 만들게 될 것이라는 점이다. 보수 정치세력과 우파 시민 진영은 이러한 문제를 철저히 외면하고 있다.

보수 진영의 차기 정권 재창출이 불가능해 보이는 이유는 장기적으로는 보수 세력의 주류성 약화와 시니어 계층의 진보화라는 맥락과 함께, 단기적으로는 미래 권력의 담지자가 보이지 않는다는 점이다.

이 문제는 지난 이명박정권이 재창출한 박근혜정권이 사실상 이전 정권과 아무런 이념적, 가치적 계승이 없다는 점에서 그 심각성을 더하고 있다. 이는 정치적 파워 게임에서 승자와 패자를 가르려는 원심력으로 작용할 뿐, '보수주의적 가치' 라는 구심력을 전혀 발휘하지 못하게 한다. 그런 상황이 바로 '정치세력 안의 자연 상태' 이다.

좌파들의 현실 운영 능력은 절망적이고 자살적이다. 정치적 낭만주의, 그리고 '민족' 이라는 이름의 포퓰리즘을 앞세워 핵무장을 한 적을 동지로 끌어안고 퍼주기를 하는 모습을 보라.

보수주의 가치란 무엇인가?

이 자연 상태는 내적 동력으로는 해결되지 못하며, 반드시 외부적 충격에 의해 신질서의 수립으로 가야만 그 방향성이 등장하게 된다. 문제는 새누리당의 외곽, 즉 당원들과 보수 시민사회조차 분열되어 있다는 점이다.

이런 상황에서 호사가들은 반기문 대망론을 통해 영남・충청 연합 구도에 의한 승부수를 이야기하기도 한다. 하지만 작금의 현실은 그러한 정치공학 이전에, 보수주의 가치를 통한 대동단결의 구심력을 회복해야 하는 일이 우선이다.

문제는 그러한 보수주의 가치가 도대체 무엇이냐는 점이다. 이 문제는 이제 더 이상 미룰 수 없는 시대정신이 됐다. 보수의 차기 정권 재창출이 정치공학 차원에서 이루어진다 하더라도, 그렇게 해서 창출된 보수 정권은 대한민국을 정상화시킬 힘을 갖지 못한다. 보수주의와 자유주의가 우리에게 알려주는 정치 · 경제의 올바른 길, 즉 '자유민주주의와 시장경제' 의 헌정 가치를 확신하고, 그 길을 가지 않는 한 '진보가 집권하면 빨리 망하고, 보수가 집권하면 천천히 망하는' 이 프레임에서 벗어날 수가 없다.

그렇기에 자유민주주의는 무엇이고, 시장경제는 또 무엇인지에 대한 분명한 철학과 행동 규칙을 정립해야 한다. 이를테면 '경제 민주화' 라든지, '사회적 경제' , 그리고 '흙수저, 헬조선' 과 같은 계급주의적 세계관을 타파해 내야만 보수 정권 재창출도 의미를 갖게 된다.

결국 세계관의 싸움에서 승리할 수 있느냐 없느냐가 대한민국의 운명을 가르는 생명선이 된다는 것이지만, 정작 이 문제에 대한 중요성을 인식하고 있는 정치인들과 보수 지식인들은 많지 않아 보인다. 이 싸움은 매우 길고 험한 길을 가야 한다. 이제까지 대한민국 보수라는 정체성에서 '무엇이 보수주의의 미덕인가' 를 고민해 오지 않았기 때문이다.

이러한 보수주의 운동은 정치적 영역과 비정치적 영역으로 나뉜다. 먼저 정치적 영역에서는 대한민국의 발전사와 그 성공의 경로를 재확인하는 작업이 필요하다. 역사는 끊임없이 현재를 자신의 해석 속으로 유인한다. 과거를 지배하는 자가 미래를 지배한다는 사실은 역사 담론의 투쟁에서 패배하면 정치 공동체 내에서 비주류로 전락함을 의미한다.

진보 · 좌파의 현실 운영 능력이 보수 · 우파보다 탁월하다면, 우리가 진보 · 좌파의 주류화를 걱정해야 할 이유가 없다. 그들에게 대한민국의 국정을 맡기면 된다. 하지만 그런가. 잘못된 세계관이 인도하는 정치 질서는 모두를 파국으로 이끈다. 소경이 눈 뜬 이마저 구렁텅이로 이끌어 가는 상황은 과거 김대중, 노무현 정권에서 충분히 목도했다.

"북한에서 절대 핵개발은 없다"던 김대중정권과 "북핵은 북의 자위권"이라던 노무현정권이었다. 한국의 진보는 결코 북의 야욕에 대항하지 못한다. 그들이 가진 정치적 낭만주의 때문이다.

좌파의 정치적 낭만주의

동시에 그들의 잘못된 계급주의적 정치 질서론은 대한민국 경제를 살릴 수 없다. 그 결과는 결국 시장과 기업에 대한 불신과 배척의 강화라는 포퓰리즘 악순환을 낳는다.

진보 · 좌파는 현실에서 도덕적이지도 않지만, 능력에서도 열등하다. 다시 말하지만, 그들의 고질적인 정치적, 역사적 낭만성 때문이다. 이 문제는 비범한 정치철학자 칼 슈미트와 레오 스트라우스가 남김없이 증명한 문제이기도 하다.

그렇다면 도대체 보수주의는 무엇이 그렇게 잘났냐는 질문도 가능하다. 하지만 이 질문은 먼저 보수와 보수주의를 구분해야 대답이 가능한 문제다. 한국의 보수 역시 무능하고 부도덕하기는 마찬가지기 때문이다. 그들의 패거리 문화와 엘리트주의는 보수를 지지하는 애국적 민중들과 조화를 상실해 왔다. 이들은 자신들의 문제를 '따뜻한 보수' 라는 말로 위장한다. 하지만 한국 보수 엘리트들의 진정한 문제는 '공적公的 영역의 사유화' 에 놓여 있다. 대표적인 것이 한국 조선산업의 구조적 불황에 대응했던 관치 금융들의 행태, 그리고 이를 감쌌던 정치권, 그리고 기회주의 보수 언론들이다.

한국 보수 엘리트들은 민중들로부터 도덕적이라는 평가를 받지 못하고 있다. 재벌 오너들의 일탈, 정치 엘리트들의 이기주의, 목회자들의 탈선, 법조인들의 간악, 방위산업체와 군 엘리트들의 비리, 사학재단의 부도덕, 메이저 언론사들의 자사 이기주의 등 열거하자면 끝이 없다.

보수주의는 이러한 사회 지도층에 대한 도덕성의 회복을 요구한다. 기득권을 내려놓으라는 것이 아니라, 기득권을 이용해서 권리 남용과 탐욕(avarice)을 추구하지 말라는 것이다.

보수주의는 능력에 따른 개인들의 성취를 미덕으로 여기지만, 그 어떤 행위도 '도덕 감정의 연대' 에 존재해야 한다고 생각한다. 그것은 아담 스미스가 말한 '신중함과 절제' 의 미덕이다. 따라서 한국에서 일어나야 하는 보수주의 운동은 반공과 애국이 전부가 아니다. 생활 세계에서 도덕적 가치, 그리고 시민으로서의 책임이 추구되는 '굿 소사이어티 Good Society' 의 발견과 유지가 핵심이다.

이러한 도덕적, 정신적 가치의 르네상스가 정권 재창출보다 더 중요한 문제이며, 보수 계층 내에서 이러한 정신적 르네상스가 없다면 정권 재창출은 의미가 없다.

대한민국 보수에게는 가족과 이웃, 그리고 직장과 사회라는 비정치적 영역에서 일대 도덕적 각성의 부흥 운동이 일어나야 한다. 그것이 정치적 공동체를 하나로 묶어 주는 힘이자 갈등을 넘어 통합을 주도하는 동력이다.

보수는 이제 정치적 문제에서 비정치적 생활 세계로 눈을 돌려야 한다. 진보와 좌파가 장악하고 있는 세계관의 영역에서 '신성한 전투'를 벌여야 한다. 앞으로 30년은 걸릴 것이고, 그러한 가운데 정권의 향배가 어디로 가든 그런 문제가 본질이 아닌 것이다.

새누리당, 보수 지형을 알면 환골탈태해야 생존한다

전영준

박근혜 대통령과 친박 세력들은 15%의 의미를 알아야 한다

새누리당은 여론조사 전문 기관 리얼미터(대표 이택수)가 매일경제·MBN '레이더P' 의뢰로 2016년 11월 21일부터 23일까지 3일간 전국 1,519명(무선 85, 유선 15 비율)을 대상으로 조사한 11월 4주차 주중 집계에서, 국민의당 지지율 17.9%에 뒤진 16.7%를 기록해 3위를 기록했다.

리얼미터에 따르면, 국민의당은 새누리당 지지층의 급속한 이탈에 따른 반사이익으로 1.4%p 오른 17.9%로 2주째 상승하며, 리얼미터 주중 집계상 처음으로 새누리당을 제치고 2위로 올라선 것으로 나타났다.

새누리당의 지지율은 지난 2012년 대선에서의 박근혜 대통령의 득표율 51.6%의 3분의1도 안 되는 수치로, 박 대통령의 핵심 지지층을 제외하고는 박 대통령에게 표를 던진 모든 보수층은 등을 돌렸다는 것으로 해석된다.

지난 20대 총선에서 새누리당은 공천 파동으로 더불어민주당이 110석을 얻고 새누리당이 105석을 얻어 제1당의 지위를 내주었지만, 득표율은 새누리당이 38.3%, 더불어민주당이 37.0%, 국민의당이 14.9%로 새누리당 지지율의 마지노선인 40%에서 크게 벗어나지 않았다.

이에 친박 세력들은 예상보다 못한 당선자를 냈음에도 불구하고 다음 대선에서 친박이 주도하는 대선후보를 내세우면 당선될 것이라는 망상에 빠져 총선 실패에 대한 반성보다는 당권을 잡으려고 비박 세력들과 혈투를 벌여 지난 8월 전당대회에서 당권을 거머쥐었다.

지피지기백전백승이란 말이 있다. 나를 알고 남을 알아야 승리한다는 말이다. 그러나 작금 새누리당의 퇴행적 정치 행태는 공당으로서의 자기 정체성뿐 아니라 버팀목 역할을 해 주는 보수층의 지형 자체에 대한 이해가 아예 없다는 점에서 심각한 위기 상황임이 분명하다.

새누리당 지지율 16.7%는 박근혜 대통령 지지와 빨갱이 타도, 종북 척결만 외치면 보수층은 새누리당을 무조건 지지할 것이라는 매너리즘이 초래한 결과였다. 보수층의 숨어 있던 '생각'을 읽지 못한 것이다. '최순실 게이트'로 발생된 박근혜 대통령 탄핵 정국을 극복하고, 내년 대선에서 새누리당을 중심으로 한 보수층이 정권을 재창출하려면 보수 지형이 어떻게 형성되고 있는지 살펴볼 필요가 있다.

대한민국의 보수층은 참으로 두텁고 넓다

대한민국의 보수층은 참으로 두텁고 넓다. 웬만해서는 새누리당을 비롯한 과거의 보수 주류 정당의 지지율은 30%대 이하로 하락하지 않았다. 그러나 한 번 지지율이 폭락하면 혁명적인 쇄신을 통하지 않고서는 회복하기 힘들다.

상기 그림에서 보면 보수는 최소 2012년 대통령선거에서 박근혜가 득표한 51.60%, 1987년 대선에서 보수 후보들이 얻은 득표율의 합 72.10%로 그 폭이 최대치로 확장됐다.

세월호 침몰로 박근혜 대통령이 맹폭을 받고 있는 가운데서도 2014년 통진당 해산이 잘됐다고 한 국민들이 63.80%, 2016년 2월 북한 핵실험으로 인한 개성공단 중단을 잘했다고 한 국민들이 54.80%, 사드 배치에 대해서는 67.70%가 찬성할 정도로 국민들은 대북 적개심을 드러내는 국가관만큼은 철저하다.

그렇다면 새누리당을 지지하는 국민들은 몇 퍼센트나 될까. 최소한 새누리당을 지지했거나 지지하고 있는 사람들을 보면 약 60% 정도 된다. 그래서 야권에서 새누리당이 지지세력의 도움 없이는 절대로 정권을 잡을 수 없다는 이야기가 나오고 있는 것이다.

위의 그림을 보면 2007년 신년도 대선후보 여론조사에서 당시 이명박 후보 41.6%, 박근혜 후보 22.3%로 두 후보의 지지율을 합하면 63.9%다.

그렇다고 2007년 대선에서 63.9%가 이명박 후보를 지지한 것이 아니다. 박 대통령을 지지했던 사람들 중 15.1%는 보수 분열이라고 비판받으며 출마했던 이회창 후보를 지지했다. 박근혜 후보를 지지했던 약 7%

는 이명박 후보를 지지했다.

새누리당의 지지층은 약 60%로 추정

정치권에서 분석하는 새누리당 절대 지지자 약 30%, 박근혜 대통령을 지지하는 2007년 대선에서 이회창 후보를 지지했던 약 15%, 그렇다면 소위 이명박 대통령만을 지지하는 세력도 약 15%라 할 수 있다.

2007년 대선과 2012년 새누리당 대선후보 경선 결과를 보면 승자가 새누리당을 지지하는 골수 세력 30%의 지지를 받고 상대 후보의 지지자들 중 일부의 지지를 받아 대통령에 당선된 것을 알 수 있다.

과거 이명박 대통령은 정치권에서 활동한 경력이 별로 없어 형인 이상득 전 국회부의장과 이재오 전 의원의 도움을 받아 대통령에 당선되었다. 따라서 자연적으로 이명박 대통령은 2인자를 둘 수밖에 없었으며, 친이계는 이상득계와 이재오계로 나뉘어 친이계가 형성되었다.

박근혜 대통령은 절대적인 15% 지지세력이 있어 굳이 2인자를 둘 필요가 없었다. 따라서 친박은 친이계처럼 사람 중심으로 계파가 형성되는 것이 아니라 박근혜 대통령에 대한 지지 강도에 따라 강박強朴과 온박穩朴으로 나뉜다.

이와 같은 분석을 통해 새누리당의 지형을 살펴보면 대체적으로 친박 30%, 친이 30%로 균형을 이루고 있다고 볼 수 있다. 친박계는 강박 15%, 온박 15%로 친이계는 이상득계 15%, 이재오계 15%로 구분할 수 있다고 본다.

1. 친박 중 강박이라 할 수 있는 A그룹은 15%라 하고, 새누리당 절대 지지자 약 30%를 B그룹으로, 이재오 성향의 그룹을 C그룹으로 분류해 본다.

2. 박근혜 대통령 대선 득표율 51.6%를 보면 C그룹 중 약 9%가 문재인 후보를 지지하거나 기권한 것을 알 수 있다. 이는 야권 성향이지만 중도 인물에 따라 새누리당 후보를 지지하는 것을 알 수 있다.

3. 결국 새누리당을 지지하는 세력 약 60% 중 15%는 가치를 보고 지지하는 것은 아니라 사람, 즉 이명박, 박근혜라는 사람을 보고 지지한다는 것을 알 수 있다.

4. 따라서 B그룹이 선거를 주도하면 야권 성향의 5~6% 정도 더 외연 확대가 가능하다. 지역적으로는 영남권과 충청권의 온건 친노 세력으로 추정된다.

5. 이 경우 A그룹의 반발로 이탈 세력이 생긴다. 그 예가 17대 대선에서 이회창 후보의 15%대 득표율이다.

6. 지난 대선에서 C그룹 중에서 약 9% 정도가 이탈해 문재인을 지지한 것으로 추정된다.

7. 금년 총선에서는 B그룹 30% 중 약 9% 정도와 C그룹 15% 정도

가 이탈해 더불어민주당과 국민의당을 지지했다.(정당 득표율 새누리당 33.5%, 국민의당26.74%, 더불어민주당 25.54%)

8. A그룹과 C그룹의 새누리당 탈당은 가능하나 B그룹은 오로지 새누리당을 지지하는 사람들이 다수다.

9. 정치권에서 회자되고 있는 제4지대 정당은 위의 수치를 보면 불가능하다는 것을 알 수 있다.

10. C그룹은 이미 떠났고, B그룹에서 다수가 이탈하지 않으면 제4지대 정당은 불가능하다.

11. B그룹에서 이탈이 가능한 수치는 최대로 5%이다. 이 5%를 갖고 이탈해 제4지대 정당의 주도권을 잡는 것은 불가능하다.

12. 그렇다면 새누리당의 다음 대선후보는 어느 그룹에서 나와야 안정적으로 당선될 수 있는지 판단이 설 것이다.

13. A그룹과 C그룹의 지지를 받을 수 있는 B그룹에서 나와야 양자구도에서 안정적으로 승리할 수 있다.

14. 통진당 해산에 찬성하는 국민이 약 63%라고 한다면, A그룹의 확고한 가치와 C그룹이 갖고 있는 장점을 접목할 수 있는 후보를 말한다.

15. 지역적으로는 영남, 이념적으로는 온건보수 내지는 중도보수 성향의 이미지를 갖고 있어야 한다. 이념이 확고하면서 이미지는 유연해야 한다는 소리다.

16. 이제 우리 보수가 어떻게 이번 대선을 대처해야 할지 답이 나온 셈이다. 야권의 후보들을 생각할 필요 없다. 보수가 후보를 잘 선택하면 된다.

17. '잘' 의 의미는 좋은 후보의 의미도 있지만 감동적 경선 과정도 의미한다.

2007년은 감동적 경선이 승인이었고, 2012년은 압도적 지지를 받는 후보의 보유가 승인이었다. 2017년은 C그룹을 유인할 감동적 경선이 승패를 좌우한다.

박근혜 대통령 지지율 약 10%와 새누리당 지지율 16.7%.

1. C그룹은 지난 대선과 이번 총선을 통해 새누리당을 떠났다.

2. B그룹이 총선과 지난 8월 새누리당 전당대회를 통해 떠나기 시작해 이번 최순실게이트를 통해 완전히 떠났다. A그룹만 새누리당을 지지하고 있다.

3. 놀라운 것은 박 대통령을 절대적으로 지지했던 A그룹 15% 중 5%가 떠나 10%만 남았다.(리얼미터 여론조사 기준)

4. 그렇다면 박 대통령을 지지하는 사람들은 새누리당을 지지하는 보수우파라기보다 박 대통령만을 지지하는 사람이라 할 수 있다.(과거 대선과 비교해 보면)

결론적으로 박근혜 대통령과 친박이 주도하는 새누리당은 15% 강박 위주의 지지를 바탕으로 계속 현 국면을 유지하느냐, 아니면 새누리당 중심의 정권 재창출을 위해 친박이 기득권을 포기하느냐 하는 기로에 서 있다.

위의 통계만으로 볼 때 박근혜 대통령 탄핵이 발의되면 탄핵은 이루어지고 C그룹이 아닌 B그룹이 정계 개편을 하면 새로운 보수 정당이 탄생하면서 새누리당은 40~50석만 남는 소수 정당으로 전락할 수 있다.

따라서 새누리당이 환골탈태해 정권 재창출하려면 현 지도부가 사퇴하고, 비대위 체제로 가면서 보수적 가치를 상징하는 새로운 인물들이 지도부에 입성해야 한다.

연동형 비례대표제 반드시 막아야 한다

주동식

더불어민주당, 바른미래당, 정의당, 민주평화당 등 여야 4당이 선거제 개편안에 합의했다. 자유한국당은 이 합의에서 빠지고 개편안에 격렬하게 반발하고 있다. 선거제가 개편되는 것은 1987년 이후 31년 만이다. 말 그대로 '87년 체제'의 변화를 상징하는 사건 아닐까 생각한다.

이번 개편안에서 가장 크게 달라지는 것은 지역구와 비례의원의 비율이다. 현재 국회의원 수는 지역구 의원 253석에 비례대표 47석 해서 모두 300석이다. 개편안은 의원 수를 300석으로 고정하되 지역구는 225석으로 28석 줄이고, 비례의석을 그만큼 늘려 75석으로 하기로 했다.

연동형 비례대표제, 87년 체제의 근본적 변화를 상징하는 사건 아닌가

이렇게 바꾸는 이유는 '정당 지지율을 최대한 국회의원 수에 반영하기 위해서'라고 한다. 정당 지지율을 100퍼센트 의석수에 적용할 것인지 일부만 적용할 것인지를 놓고 의견이 갈렸지만, 잠정 합의한 방식은 '연동률 50퍼센트의 준연동형 비례대표제' 이다. 정당 득표율의 50퍼센트를 의석 수에 반영하는 방식이다. 계산 방식이 복잡해 자세히 들여다봐도 평범한 유권자는 계산이 쉽지 않을 것이라고 본다.

국회 비례대표제의 가장 심각한 문제는 그 선정 절차의 불투명성과 불공정이다. 유권자의 뜻이나 선택과 아무 상관도 없는 인물들이 실력이나 정치철학 등에 대한 객관적인 검증 절차도 없이 국민의 뜻을 대변한답시고 의사당에 들어가 특권을 누리고, 국정에 대해서 어마어마한 발언권을 얻게 된다는 점이다.

도대체 누가 비례대표들한테 그런 권리를 주었나? 유권자들은 사실상 각 당의 비례대표 선정에 아무런 영향도 끼칠 수 없다. 정당의 몇몇 실력자들이 자기네 입맛에 맞는 인물 몇 명 데려다가 밀실에서 이른바 공천심사위원회라는 것을 만들어 자기들 멋대로 기준을 정해서 예비후보들을 심사하고 내리꽂는 게 이른바 비례대표 국회의원들이다.

무슨 기준으로 심사했는지, 선정된 자들은 무슨 항목에서 무슨 점수를 어떻게 얻어서 비례대표 자격을 얻었는지, 탈락한 자들은 무슨 이유로 탈락했는지 우리나라 정당들은 그 내용을 밝힌 적이 없다. 이렇게 극소수 정치인들의 밀실 담합에 의해 불투명한 절차와 기준으로 뽑힌 사람들이 무슨 자격으로 민의의 대변자를 자처할 수 있을까?

비례대표로 뽑힌 사람들이 무슨 기준으로, 무슨 배경으로 뽑혔는지 어쩌다 얘기들을 들어 보면 황당함 그 자체이다. 물론, 정당마다 의원마다 경우는 다르겠지만 자격도 안 되는 정치인들이 지도자랍시고 함량도 안 되는 사람들에게 막강한 권한을 안겨 준다는 얘기를 들으면 환멸감이 안 생길 수가 없다. 비례대표를 확대하고, 연동형 비례대표제를 도입하려면 가장 먼저 공천 과정의 투명성이 철저하게 검증되는 제도적 장치를 마련해야 한다.

당적도 못 바꾸는 비례의원, 특정 정치인에게 책임지는 존재

지금의 지역구 선거도 문제가 많지만 그래도 일단 유권자들의 직접 판단과 검증을 거친다는 점에서 비례대표보다는 몇 십 배, 몇 백 배 낫다고 본다. 비례대표의 이런 웃기는 본질이 가장 잘 드러나는 상황이 바로 분당 등으로 당적이 문제되는 경우이다. 국회의원은 각자가 하나의 헌법기관이다. 그런데 비례대표는 자기 소신대로 당적을 바꿀 수도 없다. 당적 바꾸려면 국회의원직을 포기해야 한다.

이건 단적으로 말해서 국회의원이 아니라는 이야기다. 비례대표는 국민에게 책임을 지는 게 아니라 자기를 비례대표로 내리꽂은 정당, 아니 더 노골적으로 말하자면 자기를 비례대표로 발탁해 준 특정 정치 지도자 개인에게 책임을 진다는 얘기다. 이런 사람들을 국회의원이라고 말할 수 있겠는가?

공화주의를 표방하는 대한민국에서 실로 기괴하기 짝이 없는 제도가 바로 비례대표제인 것이다. 대한민국 정치와 국회, 정당이 무슨 일본 전국시대 다이묘에게 녹봉을 받고 충성을 바쳐야 하는 가신이나 사무라이들의 집합체란 말인가?

비례대표 국회의원을 늘린다고 하니까 여론도 이 문제, 즉 공천 과정의 투명성을 집중적으로 비판하고 있다. 여기에 대해 심상정이나 이번 개편을 주도한 정치인들은 '공천 과정의 투명성을 높이겠다' 고 반박하고 있다.

하지만, 공천 과정을 어떻게 바꾼다 해도 본질적으로 그건 유권자의 뜻과 무관한 절차일 수밖에 없다. 숙의제 공천이니, 오디션 방식이니, 토론 배틀이니 하는 온갖 대안이 거론되지만 그 모든 방식의 핵심은 결국 몇몇 소수가 비례대표 공천권을 독점한다는 것이다.

그 소수는 도대체 무슨 권리로 비례대표 공천권을 갖는다는 건가? 다른 이유 없다. 그저 그 정당의 대표나 실력자와 가까운 사이라는 것, 어쩌다 그들의 눈에 띄었다는 것 말고는 아무 이유도 없다. 그런 공천 심사를 맡는 사람들은 일종의 컨설팅 외주를 받는 셈이다. 원래 그런 외주 업무의 결과는 결정적으로 그 외주를 준 사람의 입맛에 맞춰서 내놓을 수밖에 없음은 주지의 사실이다. 즉, 공천 심사를 맡긴 사람의 뜻을 살펴서 공천 결과를 내놓을 수밖에 없다는 것이다.

자유한국당 나경원 원내대표나 조경태 최고위원 등은 비례대표를 폐지하고 전원 지역구 투표로 국회의원을 뽑아야 한다고 주장한다. 이런 목소리에도 귀를 기울일 필요가 있다. 사실, 비례대표란 것은 사회적 소수의 목소리를 의정에 반영하겠다는 취지인데, 이것도 곰곰이 따져 보면 웃기는 얘기가 아닐 수 없다.

국회 의석이 극소수 사회적 약자의 출세 수단인가

꼭 여성이어야 여성의 권익을 대변하고, 장애인이어야 장애인 권익을 대변할까? 이 논리가 왜곡되어, 국회의석이 사회적 약자 중에서 극소수 몇몇 사람의 출세를 보장해 주는 수단이 되고 있는 게 한국 정치를 기형적으로 만들고 있음을 냉정히 보아야 한다. 생각할수록 허황하기 짝이 없는 논리다.

현행법에 의해 정당별 비례대표의 홀수는 무조건 여성에게 배분하게 되어 있는 조건도 황당하기 짝이 없다. 이건 국회의원 선출이 갈수록 유권자의 선택과 무관한 몇몇 시민단체나 지식인 그룹, 정치인 그룹들에 의해 좌우된다는 의미이다.

비례대표제가 사표를 줄이고, 소수 정당의 원내 진출을 돕는다는 것도 웃기는 얘기이다. 정치의 가장 중요한 기능의 하나가 의사결정이다. 원래 정치는 전쟁을 대신하기 위한 장치이자 수단이다. 그래서 다양한 사회적인 이견 가운데에서 비폭력적인 수단으로 결단을 내릴 수 있어야 한다.

하지만 비례대표제를 확대하면 정치의 이런 의사결정 기능이 심각하게 훼손된다. 민의의 선택과 무관한 소수의 정치 낭인들이 국회에 들어와 자기들끼리 담합해 국정에 개입하고, 의사결정을 방해하며, 마르고 닳도록 자기네의 정치적 입신을 도모하는 데 가장 좋은 장치가 비례대표제인 것이다.

또, 우리나라는 대통령 중심제이다. 대통령 중심제와 비례대표 확대는 어울리지 않는다. 강력한 야당이 존재해야 우리나라의 제왕적 대통령 권력을 견제할 수 있다. 하지만 비례대표는 결정적으로 그만그만한 소수 정당들의 숫자를 늘리고, 강력한 야당의 출현을 방해하는 장치다.

이번 개편안은 매우 복잡하다. 일반 유권자들이 이해하기가 쉽지 않다. 기자들이 자세한 내용을 묻자 심상정은 "비례대표 계산 방식을 국민은 알 필요가 없다"고 발언했다. 소수의 정치 낭인들이 밀실에서 자기들끼리 국정을 농단하고, 이권을 갈라 먹겠다는 비례대표제의 본질을 심상정의 저 발언이 가장 노골적으로 드러내고 있다.

좌파들의 연방제 적화 위험성 경계해야

이번 개편은 또 내년 총선에서 좌파들의 연방제 개헌 가능성을 높이고 있다. 문재인 정권은 심각한 지지율 추락에 직면하고 있지만, 내년 총선이 닥치면 좌파 진영의 결속과 거래를 통해 진영 전체로는 국회 의석의 3분의 2를 차지할 가능성이 커졌다. 바로 선거제 개편 때문이다.

이 문제는 내년 총선이 닥칠 때까지 지속적으로 반항하고 저지해야 한다. 작게는 유권자의 의사결정권을 소수의 정치 낭인들에게 빼앗기지 않아야 하며, 크게는 이 나라가 좌파 진영의 농단에 의해 '김씨조선'의 손아귀에 넘어가는 연방제 적화를 막아야 하기 때문이다.

제8부

우파 재집권을 위한 제언

한국에서 가장 부족한 가치는 명예

주동식

한국 사회가 여러 가지 부족한 점을 드러내고 있지만, 가장 결정적이고 가장 달성하기 힘든 가치에 대해서는 별로 언급이 없다. 그것은 바로 명예다. 미국이나 서구, 일본이라고 해서 모두가 명예로운 삶을 살까? 그건 전혀 아니다. 아마, 명예와 거리가 먼 삶을 사는 사람들의 비율을 따지자면 한국이나 서구, 미국, 일본 등이 다 비슷할지 모른다.

그러나 그들과 우리 사이에는 결정적인 차이가 있다. 한국에서 명예란 단어는 그냥 사전에만 존재한다. 그래서 99.9999퍼센트의 한국 사람들은 명예란 것이 도대체 뭘 말하는지 평생 동안 단 한 번도 깨닫거나 심지어 생각조차 해보지 않고 삶을 마무리한다.

하지만 서구나 미국에서는 명예가 공동체의 매우 중요한 가치, 어쩌면 가장 중요한 핵심 가치로써 사회생활의 구석구석을 관장하고 영향을 끼치고 시민들 일상의 모든 요소에 개입한다. 내가 어렸을 때 서양 문학 작품들을 읽으면서 가장 이해하기 힘들었던 장면의 하나가, 십대 소년들이 전쟁에 참여하고 싶어서 자신의 나이를 몇 살씩 올려서 군대에 지원하는 모습이었다. 처음에는 작가가 그냥 사기를 치거나, 아니면 몇몇 사이코들의 경우를 일반화하는 것이라고 생각했다. 내가 한국 사회에서 보고 들은 군대란 것은 불명예의 상징이자, 어떻게든 빠질 수 있으면 빠지는 게 지혜롭고 현명한 선택이었기 때문이다.

괴롭고 힘들고 심지어 목숨이 위태로운 군대란 집단에 복무하는 것이 명예로운 행위로써 평범한 젊은이들의 행동에 그렇게 막강한 영향을 줄 수 있다는 것을 당시의 나로서는 상상조차 할 수 없었던 것이다.

적어도 서양 사회나 미국에서는 그게 실제적인 가치로 살아 숨 쉬고 있었다. 일본도 어느 정도 차이는 있겠지만 그와 비슷한 가치를 공유하고 있다고 본다. 이것은 죽음에 대한 관점에도 영향을 준다. 죽음에 대해서 생각한다는 것은 다른 게 아니다. 사실은 현재의 삶에서 죽음을 압도하는 또는 죽음의 절대적인 엄숙함조차 잊게 만드는, 현실의 실존을 제압하는 사회적 가치가 존재한다는 의미 그 이상도 이하도 아니다.

인간이 어찌 감히 죽음을 알 수 있는가. 그건 모두 사기에 불과하다. 인간이 결코 정면으로 볼 수 없는 두 가지가 바로 태양과 죽음이라는 말은 진실이다. 그래서 공자가 "내가 아직 삶을 알지 못하는데, 어찌 죽음을 이야기하랴"는 발언을 넘는, 죽음에 대한 통찰을 이야기한 사람은 인류사에 아직 없다. 앞으로도 없을 것이다.

한국 사회에 명예란 것이 존재해 본 적이 없다는 것을 처음 절실하게 느낀 것은 바로 전직 대통령들의 모습이었다. 그들이 법정에 서게 된 구체적인 상황과 진실을 알지는 못한다. 하지만 대한민국의 가장 위대하고 명예로운 자리에 올랐던 사람들까지 가장 누추한 현실 조건, 즉 자식들이나 하수인들 그리고 자신의 노후를 위해서 돈 몇 푼에 무엇보다 소중한 자신의 명예를 버리는 것을 보고 그것을 느꼈다.

그들은 명예를 알지 못했다. 사실, 그들에게는 애초에 명예라는 것이 존재해 본 적도, 그게 무엇인지 단 한 번도 생각조차 해 본 일이 없을 것이다. 나아가 대한민국에서 명예란 말은 정말 너무나 현실과 동떨어진 개념이다. 솔직히 말해서 대한민국은 명예란 단어를 입에 올릴 자격조차 없다.

내가 '공짜는 없다'는 원칙을 강조하는 것도 그것 때문이다. 대한민국에 명예가 없는 가장 근본적인 원인이 바로 공짜를 바라는 파렴치한 심성이기 때문이다. 갈 길이 멀지만, 그래도 최소한의 출발점은 바로 이 세상에 공짜는 있을 수도 없고, 있어서도 안 된다는 바로 그 각성이라는 것을 말하고 싶어서이다. 이게 한국의 각성, 그 출발이어야 한다. 실은 대한민국을 책임지고 나아가야 할 보수가 가장 뼈아프게 받아들여야 할 메시지인지도 모른다.

민족사의 정통성에 대하여

주동식

문재인 사고 논리의 기본 틀은 간단하다. '김씨조선'이 한민족 역사의 정통이라는 것! 그 근거는 바로 항일 투쟁의 역사성이라는 것이다. 그리고, 항일투쟁을 함께하고 지원해 준 중국이 바로 한반도 자주독립 투쟁의 본부라는 생각이다.

이런 사고방식에 비추어 보면 대한민국은 생겨나지 않았어야 하는 나라이고, 대한민국의 출발과 생존을 지원해준 미국이야말로 한반도 분단의 원흉일 수밖에 없다. 최근 백기완의 "남북 지도자가 한반도 허리 자른 미국에 사과 요구해야 한다"(2019. 3. 20. TBS 김어준의 뉴스공장 출연시 발언)고 한 헛소리가 이런 논리의 연장선에서 나온 것이다. 문재인을 비롯한 허접 좌빨들이 99.99999퍼센트 공유하는 사고방식이다.

개인적으로 그런 사고방식을 갖고 있는 것이야 일일이 다 체크할 수도 없고 책임을 물을 수도 없는 노릇이다. 하지만, 그런 사고방식을 다른 사람들에게 퍼뜨리거나 작당을 하고 그런 사고방식에 기초해서 대한민국을 약화시키고 한 걸음 더 나아가 무너뜨리는 시도를 한다면, 그것은 단호하게 반역죄로 처단해야 할 행위이다.

좀 더 구체적으로 김씨조선이나 중국과 공모하면 그것은 '내란외환죄' 및 '여적죄'로 처단해야 할 범죄 행위이다. 대한민국에는 이런 반역죄와 내란외환죄, 여적죄를 저지르면서도 그게 민주화나 진보적 실천이라고 착각하는 정신병자 저능아들이 너무 많다.

이건 사실 대한민국이 얼마나 훌륭한 국가냐 하는 것과도 전혀 다른 차원의 문제이다. 어느 유기체나 조직을 막론하고 자기방어는 그냥 본능이자 어떻게 보면 자연의 섭리에 의해 주어진 가장 절대적인 권리이다. 이런 점에서 보자면 대한민국을 약화시키고 괴멸시키려 드는 자들에 대해서는 일말의 동정심이나 자비도 허용될 수 없다. 그게 자연법의 가장 절대적인 원리이다. 심지어 그런 점에서는 김씨조선이라 해도 자기방어를 하는 것 자체를 갖고는 시비를 걸기 어렵다.

하물며 대한민국과 김씨조선은 이미 한 세기(조선말 이후 근대화 과정의 경험까지 돌이켜 보면 어언 2세기 가까운 세월이다)가 가까워지는 동안 역사적으로 어느 쪽 체제가 더 역사적 진보에 부합하는지 명확하게 검증된 상태이다.

대한민국은 아무리 문제가 많고 모순이 축적된 곳이라 해도 최소한 인류 역사가 쌓아 온 자유와 공화, 인권, 근대의 가치 등 세계사적 흐름에 함께하는 체제다. 비록 기복은 있지만, 대한민국이라는 나라는 큰 흐름 속에서 그런 방향으로 나아가게 된다.

하지만, 김씨조선은 잔인하고 악랄한데다 무능하기 짝이 없었던 이씨조선의 명맥을 잇는 나라다. 나라 이름부터가 그걸 잘 드러낸다. 심지어

이 나라는 이씨조선조차도 부끄러워할 만한 신정체제와 인권 탄압의 생지옥을 현실에서 구현한, 가히 지상천국의 상대 개념으로써의 지상 지옥이다. 지구상의 지상地上 지옥이라는 의미이기도 하지만, 그 이상의 참상은 있을 수 없다는 의미에서의 지상至上 지옥이기도 하다.

김씨조선이 민족사적 정통성을 갖고 있다고 믿는 인간들은, 지금이라도 대한민국 국적 포기 선언을 하고 북으로 올라가라. 그렇다면 비록 그 어리석음은 안쓰럽게 여길망정 인간으로서 최소한의 양심과 진정성은 인정해 줄 수 있다. 하지만, 대한민국의 '좌빨' 들은 진정성이라는 말은 제일 좋아하고 자주 사용하면서도 실제 진정성은 모기 눈꼽만큼도 갖고 있지 못한 쓰레기들이다. 그래서 이 자들이 하는 짓은 대한민국을 그 뿌리부터 갉아먹어서 무너뜨리는 것이다. 그렇게 함으로써 자신들 영혼의 조국 김씨조선과 영원한 사대모화 숭배의 대상인 중국에 이 나라를 통째로 바치려는 것이다.

문재인은 김씨조선 숭배와 반일 정신병, 그리고 중화사대주의가 뼛속 깊이 배어 있는 자이다. 그의 지능을 보면 그런 사고방식에서 벗어나지 못하는 게 이해가 간다. 하지만 개인적으로 그런 사고방식을 갖고 있는 것과 그걸 실천으로, 게다가 국민이 위임한 막강한 대통령의 권력을 이용해 실천에 옮긴다는 것은 전혀 다른 문제이다. 그가 오랫동안 보여 온 행동을 통해 이미 대통령의 자격을 상실했고, 대한민국 국민의 자격, 나아가 인간으로서의 자격도 상실한 자이다.

민족사의 정통성은 알량한 이씨조선으로 돌아가는 복벽주의에 있는 것이 아니다. 민족사 역시 세계사의 한 범주 속에서 이해하는 것이 맞다. 한민족 역시 인류의 한 갈래이지, 별도로 땅 밑에서 솟아나거나 하늘에서 내리꽂은 존재가 아니다. 진정한 민족사적 정통성은 세계 인류가 피땀 흘려 쌓아 온 자유와 공화, 진보, 근대화와 인권의 가치를 얼마나 진실하게 실력 있게 구현하느냐에 의해 판단해야 한다.

그런 점에서 김씨조선이야말로 민족사의 수치이며, 당장 타도하고 그 원흉들을 처단해야 할 암덩어리일 뿐이다. 대한민국의 역사적 사명은 바로 민족사의 수치인 저 마귀들을 철저하게 척결 극복 청소하는 것에서 찾아야 한다. 그것이야말로 궁극적으로 대한민국에 부여될 민족사적 정통성의 진정한 근원이 될 것이다.

강제징용 노동자 사진? 사기는 이제 그만!

주동식

오른쪽 사진의 노동자는 사실은 노동자가 아니다. 노동자란 자본가와 계약을 맺고 일정한 조건 아래서 자기의 노동을 제공하고 그 대가로 임금을 받는 사람을 말한다. 여기에서 중요한 것은, 자본가들도 노동자의 노동력을 가급적 장기간에 걸쳐 안정적으로 활용하고 싶어한다는 것이다(좌파들은 이것을 '착취' 라고 부른다).

납치되어 불법 강제노동에 시달린 일본인 근로자를 조선인 징용근로자로 왜곡 형상화한 허구 속 징용노동자상.

그러려면 노동자의 노동력을 최대한 많이, 장기적으로, 안정적으로 뽑아먹기 위해서라도 일정한 노동조건의 유지는 반드시 필요하다. 즉, 적당한 노동시간과 조건, 생산 도구, 생산시설 등을 갖추고 자본의 발달 상태에 따라 상당한 정도의 복지도 제공하게 된다.

이것은 자본가들이 착하거나 도덕적이어서가 아니라, 그게 바로 노동자들의 노동력을 최대한 활용해서 높은 부가가치를 얻어내는 데 도움이 되기 때문이다. 중요한 것은 그게 바로 노동자들의 권익과 복리에도 도움이 된다는 것이다. 상호 윈윈이고, 시너지가 생기기 마련이다.

왼쪽 인물 사진은 그런 점에서 노동자가 아니라 노예 노동을 하는 사람의 모습이다. 적어도 근대적 산업 생산을 담당하는 노동자는 아니다. 저런 형상은 노사 간의 장기적인 계약 관계가 아니라 일시적으로 노동자의 노동력을 최대한 빨아먹고 튀겠다는 의도에서 나오는 노동 조건을 보여 준다. 즉, 전근대적인 노예 노동이란 이야기로, 납치나 감금에 의하지 않고는 유지될 수 없는 노동의 형태를 보여 주는 것이다..

메이지유신 이후 일본은 전세계 톱클래스 생산력을 자랑하는 자본주의 국가로 발전했다. 그 나라가 천황제 국가이고 군국주의 국가라고 해서 그 내부 생산력 수준이 전근대적 노예 노동에 의지했다는 주장이야말로 터무니없는 억지일 뿐이다. 그런 노동으로는 결코 청나라나 러시아와 싸워 이기고 미국과 맞장 뜰 정도의 생산력이 만들어지지 않는다. 자유롭고 자발적인 계약에 근거한 노동이 있어야 고도의 숙련도와 지식 자원을 동원한 높은 생산력 수준을 달성할 수 있다. 일본은 이미 2차대전 당시에 잠수함과 전투기, 항공모함 등을 만들어 낸 나라 아닌가.

그런 일본이 사진 속 동상으로 형상된 노동자 몰골의 사람으로 하여금 노동을 시켰을 거라고 믿는다면 그것은 어디까지나 자신의 저열한 지적 수준을 드러내는 것일 뿐이다. 이미 드러난 역사적 사실은, 사진 노동자의 모습이 실은 일부 민간인 범죄자에게 납치당해서 노동을 하던 일본인들이 경찰의 적발에 의해 풀려난 모습이라는 것이다. 조선인 징용 노동자가 아니란 얘기다. 반일민족팔이를 하더라도 허위와 왜곡을 일삼지 말아야 할 것 아닌가.

사실 저런 노예노동은 바로 지금 우리나라에서 여전히 해결되지 않고 심심하면 드러나고는 한다. 신안 염전노예나 전국 각지의 정신 지체자들을 대상으로 한 감금 노예 노동 등이 대표적 사례이다. 사진 속 징용 노동자상은 일본 제국주의의 실상을 폭로하는 것이 아니라 21세기 한국의 현실을 스스로 자백하는 셈이다. 저렇게 강제적인 감금 노동이 가능한 나라, 그래서 일제시대 징용 노동자도 당연히 저런 모습으로 일했을 것이라는 상상밖에 할 수 없는 나라라는 것을 스스로 자백하고 있는 것이다.

예술 작품은 대개 자기 묘사인 경우가 많다. 사진 속 징용 노동자상이야말로 역설적인 의미에서 21세기 한국의 처절하게 왜곡된 노동 현실과 그보다 더 비뚤어진 역사의식을 보여 주는 한국인들의 자기 묘사라고 해야 한다.

2차대전 이전, 일본에 일하러 갔던 조선인 노동자들의 전반적인 모습은 바로 아래 사진과 같다.

사실 사진조차도 필요 없는 명백한 사실이었다. 저 정도 대우와 시설,

복장, 도구 등이 아니면 일본 자본주의가 원하는 수준의 노동과 생산물이 나올 수 없음을 물론이다.

일제 시기 징용근로자였던 사람이 제시한 당시 사진. 건강 상태나 복장, 장비 상태가 깡마른 징용노동자상이 상상케 하는 것과는 완전히 다르다.

더 이상 뻔한 사기는 그만 치자. 그렇게 하는 것이 일본을 괴롭히는 일일 것이라고 믿는다면 그 자체로 병신 인증이다. 제발 저능아 같은 생각부터 버리자. 그래 봐야 일본을 그저 좀 불쾌하게 만들 뿐이지만, 한국은 자손 대대로 병신 같은 역사 인식을 심어 주어서 결정적으로 자기 파괴적인 행위를 하게 만들 뿐이다. 그 가장 심각한 증상이 '친일파보다는 주사파가 좋다' 라는 반일 정신병 아닌가.

이런 미혹과 망상에서 깨어 나오지 못하면 이 나라는 답이 없다. 역사를 잊은 민족에게는 미래가 없다고? 거짓된 역사를 배우는 민족에게는 미래가 있다. 바로 과거보다 훨씬 참혹하고 비참하고 모욕적인 미래가 역사를 왜곡하는 당신들과 당신들의 후손들을 위해 예약돼 있다는 사실만 알기 바란다.

5.18은 광주만의 것일 수 없다

주동식

이 글은 2019년 3월 8일 '행동하는 자유시민' 광주광역시 준비 모임에서의 강연 내용을 정리한 글이다.

나는 고향이 광주이고, 부모님 모두 대대로 전남에서 살아온 집안의 둘째아들이다. 지금도 일가친척이 광주에 많이 살고 있다. 또 1980년 5.18 당시 나는 막 논산훈련소를 수료하고 전남 해안초소에 배치된 전투경찰이었다. 그래서 전투경찰 선후배, 그리고 직업 경찰들로부터 그들이 직접 겪은 5.18에 대한 이야기를 꽤 많이 들을 수 있었다.

나는 직접 1980년 5월 광주 현장에 있지는 않았지만, 그 현장을 직접 체험한 사람들로부터는 누구 못지않게 많은 이야기를 들을 수 있었다. 그래서 지만원 박사 등의 '광수 짝대기 놀음'이나 '북한군 침투설' 등을 믿지 않는다. 황장엽 선생도 북한군 침투는 절대 불가능하다고 증언한 바 있다.

더욱이 5.18 당시 광주시민들은 태극기를 들고 싸웠다. 거동이 수상한 사람을 계엄군에 넘기기도 했다. 이것만 봐도 일부 우파들이 5.18을 북한과 연계시키려는 것이 얼마나 허황된 시도인지 알 수 있다.

나는 5.18은 광주만의 것이 아닌, 대한민국의 것이 되어야 한다는 믿음을 한결같이 갖고 있다. 하지만 현실적으로 북한군 침투설이 끊임없이 제기되고, 광주와 5.18을 북한의 영향력과 연계하는 주장이 상당수 다른 지역 시민들의 공감을 얻어가고 있다. 정확한 트랜드를 말하기는 어렵지만, 5.18에 반발하는 여론이 점점 확산되는 추세인 것 또한 현실이다.

왜 이런 현상이 생길까? E. H. 카는 '역사는 현재와 과거의 대화' 라고 했다. 현재의 모습이 과거의 역사적 사건에 대한 해석에 영향을 줄 수밖에 없다. 광주와 호남이 보이고 있는 태도가 5.18을 두고 대한민국에 대한 반란이니, 북한 김씨조선의 공작이니 하는 의혹을 불러일으키는 소재가 되게 하는 게 아닌가 싶다.

지난해 광주교육청이 김씨조선으로 수학여행단을 보내겠다고 했다. 중국의 '팔로군행진곡' 을 작곡한 정율성의 이름을 딴 도로가 광주에 있다. 반면 작곡가 이흥렬 선생이 친일파라는 이유로 그 분이 작곡한 '광주일고 교가' 를 바꾼다고 한다. 좌파 시민단체 활동가 중에 광주 호남 출신이 유독 많다는 것은 잘 알려진 사실이다. 문재인 정권의 지지율이 추락하는 상황에서도 광주와 호남은 독야청청 굳건하게 지지를 보내고 있는 것 또한 변함없다.

이런 광주의 태도가 5.18의 이미지에 영향을 줄 수밖에 없다. 광수 짝대기니, 5.18 북한군 침투설이니 하는 왜곡을 광주가 조장하는 셈이다. 사실 이런 분위기라면 5.18 북한군 침투설이 터져 나왔을 때 북한을 지지하는 일부 광주 시민들은 오히려 자랑스러워 해야 하는 것 아닌가 하는 생각도 해 본다.

어떤 생명이나 조직, 국가를 막론하고 생존은 가장 우선적인 과제이다. 김씨조선은 절대적으로 대한민국의 생존을 위협하는 존재다. 그런 점에서 광주와 호남이 김씨조선을 옹호하는 태도는 대한민국이라는 공동체의 옹호와 지지를 받기 어렵다. 이대로 가면 5.18의 핏값으로 얻은 호남의 민주화 투쟁 정통성도 심각하게 훼손될 수밖에 없다.

정치적 사회적 문화적 고립은 호남의 오랜 고민이자 숙제였다. 경제적 낙후는 오히려 부차적일 수도 있다. 5.18은 그 엄청난 역사적 의미에도 불구하고, 호남의 고립을 상징하는 사건이었다.

광주와 호남에 주사파 세력이 강하고 '친중 종북' 분위기, 그리고 반기업 · 반시장 · 반자본주의 · 반대한민국 정서가 강한 것도 이런 고립에서 벗어나고자 하는 몸부림의 결과일 수 있다. 기존의 대한민국이 아닌, 업그레이드된 대한민국에 대한 요구가 그런 식으로 표출된 것이라고 할 수 있다.

그러나 친중 종북은 결코 호남의 대안이 될 수 없다. 그것은 오히려 호남의 고립을 부추기고, 5.18의 핏값을 모욕할 뿐이다. 호남이 지지하는 문재인정권의 대북 정책은 이미 세계적으로 왕따를 당하고 있는 실정이다. 호남의 노선이 대한민국을 점령할 때 그 결과는 호남이 고립에서 벗어나는 게 아니라 대한민국 자체를 세계적인 고립으로 몰아갈 수 있다는 얘기이다.

김씨조선은 인류사의 소중한 교훈인 자유, 공화, 인권 등의 가치를 공유하는 체제가 아니다. 즉, 그들은 역사적 시공간에서도, 현재 전세계의 지리적 공간에서도 고립되고 배척된 존재들이다. 그것은 왕따나 혐오가 아니라 그들이 추구하는 가치나 노선이 인류가 오랫동안 피땀 흘려 확보한 가치와 철저히 대립되기 때문이다. 그런데도 호남이 그들과 함께 해야 할까? 5.18이 그런 결과를 원해서 그렇게 피를 흘린 것인가?

과거 나폴레옹이 '대륙봉쇄령'을 내렸을 때 영국 정치인들이 한 얘기가 있다.

"도버해협의 풍랑이 거세지면 대륙은 고립된다."

그것은 영국이 세계 시장과 근대화라는 보다 큰 가치에 닿아 있었기 때문에 영국을 고립시키려는 대륙이 결과적으로 역사적 진보에서 고립될 수밖에 없다는 의미였다. 1980년 5월에 호남은 고립됐지만, 민주화라는 더 큰 가치에 닿아 있었기 때문에 결국 도덕적 우위와 함께 정치적 승리가 가능했다. 하지만 앞으로도 그럴까?

나는 적지 않은 시간 동안 호남 문제로 고민하고 발언도 해왔다. 그런 과정 속에서 특히 호남의 고립과 호남 혐오의 해결이 가장 절실한 과제였다. 현재 호남 혐오 현상에는 정치적 비판과 말 그대로의 혐오가 뒤섞여 있다. 이것을 분리해 내는 작업이 필요하다. 호남에 대한 정당한 비판은 긍정하되, 말 그대로 혐오를 위한 혐오를 하는 사람들은 분리하여 고립시켜야 한다.

그러기 위해서라도 호남의 현재와 같은 반기업·반시장·반자본주의·반일반미·반대한민국 정서는 극복해야 한다. 호남의 반미반일 정서가 심하지만, 사실 김대중 대통령은 역대 정권 가운데 일본과의 관계가 가장 좋았고 일본 대중문화 개방이라는 큰 결단을 내린 지도자다. 80년대 반정부 투쟁이 격화될 때 3비 노선(비반미, 비폭력, 비용공)을 강조해 좌파들로부터 엄청난 비판을 받기까지 했다.

그런데 정작 김대중의 정치적 상징자산을 물려받았다고 할 수 있는 호남은 오늘날 유독 반미반일 좌파 옹호 현상이 과도하게 나타나는 것일까? 그것은 호남의 상징자산이 좌파의 불순한 정치적 음모에 악용되고 있기 때문이다. 문재인정권은 인재 등용 등에 있어서 호남을 많이 배려하고 있다.

하지만 그 대가로 5.18 등 호남의 상징자산을 자신들의 정치적 정당성을 확보하는 데 써먹고 있음을 봐야 한다. 문재인정권이 실패할 경우 그 책임은 고스란히 호남이 뒤집어쓰게 된다는 사실을 봐야 한다는 것이다.

이대로 가면 호남 때문에 대한민국이 망했다는 소리가 나올 수밖에 없다. 사실, 이미 그런 소리를 하는 사람들이 적지 않게 생겨나고 있다. 비유하자면 호남은 집문서나 땅문서 대대로 물려받은 선산까지 좌파에게 넘겨주고 그 대가로 자장면 몇 그릇 얻어먹는 셈이다.

정말 극단적인 가정이지만, 문재인 정권의 종북 노선이 대한민국의 적화로까지 이어진다면 호남이 그 역사적 책임을 모면할 수 있을까? 호남의 지성들이 이 문제를 심각하게 고민하고 문제를 제기해야 한다. 그래야 5.18이 광주만의 것이 아니라 대한민국의 소중한 역사적 경험으로 남고 영남이나 호남이 아닌 대한민국이 승리할 수 있는 것이다.

문재인을 끌어내리지 않으면 청년들이 죽는다

주동식

2월 27일과 28일 양일간에 걸쳐 진행된 하노이 회담이 결렬됐다. 전세계 언론은 '김정은이 핵으로 사기 치려다 걸렸다'는 평가 일색이다. 한 마디로 김정은은 스타일을 구겼고, 김씨조선으로 돌아가는 길이 영 힘이 빠질 수밖에 없게 된 것이다.

그런데 김정은보다 더 스타일 구기고 호구 된 인간이 있다. 바로 문재인이다. 그 동안 아무 명분도 없이 김정은을 옹호하면서 제재 완화를 유엔과 전세계 주요 국가 지도자들에게 구걸하고 다닌 문재인이다. 김정은보다 몇 배 더 바보란 소리를 면키 어렵게 됐다.

3.1절 기념식사에서 이런 문재인이 "빨갱이란 표현을 쓰면 안 된다"고 했다. 왜 쓰면 안 된다는 것일까? 지난해 김정은의 서울 방문을 환영한다는 시민단체가 무려 146개나 튀어나왔다. 그런데도 한국 사회가 빨갱이가 없다고 할 수 있을까? 다 떠나서 대통령 문재인부터가 김정은의 집사, 대변인 소리를 들을 행동만 골라서 하고 있다. 그런 마당에 이 나

라에 빨갱이가 없는 게 오히려 더 이상하다고 해야 한다.

작금 전세계 지도자나 언론들이 입을 모아서 문재인이 김정은 대변인 노릇한다고 비웃는다. 사실 다른 사람은 몰라도 문재인만은 '빨갱이란 말 쓰지 말라'고 할 자격이 없다. 본인부터가 빨갱이일 가능성을 적어도 절반 이상의 국민들로부터 의심받고 있는 실정이다.

3.1절이 되니 또 친일 문제를 거론한다. 우리나라에서 반일감정을 부추기는, 반일 정신병 증세의 대표적인 사례가 위안부 문제다. 그리고 그 위안부 문제를 주로 거론해 온 단체가 정대협이었고, 그 정대협의 대표가 윤미향이다.

윤미향의 남편 김삼석은 간첩단 사건으로 대법원에서 최종 확정 판결을 받았다. 이것은 우리 사회에 빨갱이들이 설치고, 그 빨갱이들이 자신의 정체를 감추는 데 가장 잘 써먹는 것이 친일 문제라는 사실을 보여준다. 친일 논란은 사실 종북 좌파 문제를 덮는 데 그만큼 유용한 도구란 이야기다.

많은 한국인들이 일본이 식민 지배에 대해 사과하지 않았다고 떠들어대는데, 실제로 일본은 천황, 수상, 장관들까지 무려 35회에 걸쳐 사과했다. 그런데 그렇게 열심히 사과를 하면 이제 그 사과에 진정성 없다고 난리 친다. 도대체 그 진정성을 누가 평가하는 것일까? 이것은 시험 문제 낸 선생님이 문제를 푼 학생에게 '정답이 아니다'며 계속 다시 풀어오라고 강요하는 것이나 마찬가지다. 차라리 원하는 사과가 무엇인지, 정답이 무엇인지를 알려주고 사과를 요구하는 게 일본 사람들 입장에서 합리적일 것이다. 정답도 없는 사과를 언제까지나 일본이 계속해야 하고, 그럼에도 불구하고 서른다섯 차례씩이나 사과를 하면서 대한민국 경제발전에 지대한 도움을 준 일본이란 나라의 국격이 오히려 존경스럽다고 해야 하는 것 아닐까?

한국인들이 많이 오해하는 것 가운데 하나가 전세계 식민지 종주국 가운데 식민 지배를 사과한 나라는 일본뿐이란 사실에 무지하다는 것이다. 흔히 독일은 사과했고 일본은 사과하지 않았다고 하지만, 오히려 정반대란 사실을 알아야 한다. 독일은 자신들의 학살 등 반인도 범죄를 사과했을 뿐, 식민 지배 자체를 사과한 적이 없다. 또한 식민 통치를 했던 세계 어느 나라도 피식민 국가나 민족에 대해 식민 지배를 사과하지 않았다. 오직 한 나라 일본만 대한민국에 사과했을 뿐이다.

한국인들은 때만 되면 반일 타령 읊어 대면서 친일을 욕하고 비난한다. 그런데 솔직히 말해 보자. 지금 일본과 김씨조선 가운데 누가 대한민국에 절대적 위협 국가인가?

일본은 35회 사과했지만 김씨조선은 연평도 포격, 천안함, 목함지뢰를 흘려 보내 우리 청년과 무고한 시민들의 살상한 행위, 온갖 무장공비, 간첩 사건, 판문점 도끼 만행으로 미군을 살해하는 등 수없이 많은 범죄 행위를 저질렀다. 2013년 통계로 북한이 휴전 이후 저지른 정전협정 위반이 43만 건이고, 그 가운데 대규모 침투와 도발이 3천 건에 이른다. 대규모 도발이란 거의 전쟁 수준의 폭력을 행사했다는 의미다.

그러고도 김씨조선은 단 한 번도 사과한 적이 없다. 사과 35번 대 거의 전쟁 수준의 도발 3천 건. 도대체 누가 대한민국의 절대적 위협 세력인지는 자명하지 않나? 그런데 왜 문재인은 거꾸로 말하나? 문재인이 정말 이 나라의 대통령 맞나? 정말 이 나라를 김정은 김씨조선에 넘겨주려는 첩자 아닌지 의심하지 않는 게 오히려 이상할 정도다.

문재인 정권의 경제 상황이야말로 최악으로 치닫고 있다. 최저임금 때문에 우리 젊은이들은 알바 자리 구하기도 힘들다고 한다. CJ 알바 자리 경쟁률이 전에는 6대 1 정도였는데 이제 13대 1로 2배 이상 경쟁이 치열해졌다고 한다. 심지어 괜찮은 알바 자리에는 권리금까지 붙는다고 한다.

사실상 우리나라 최저임금은 이제 시급 1만 원을 넘어선 상태다. 전 세계에서 이렇게 최저임금 높은 나라가 많지 않다. 경제력에 비추어 보면 정말 턱없이 높은 수준이다. 그리고 무엇보다도 노동계약은 고용주와 노동자 양 당사자 간의 합의에 맡겨야 한다. 시급 3천 원짜리 일자리도 필요한 사람이 있는 법이다. 국가가 끼어들어 이래라 저래라 할 사안이 아니다.

좌파들은 그 정도 최저임금도 못 줄 업체라면 사업 접어야 한다고 하지만, 그건 역설적으로 그 정도 시급 받을 능력도 안 되는 사람은 다 굶어죽어야 한다는 망발이다.

지금 우리나라의 권력을 틀어쥔 586세대는 정년 늘리고, 민노총 전교조 공무원노조 등을 통해 점점 기득권의 벽을 높이고 있다. 비정규직 문제 해결한다고 정규직 늘린다고 하는데, 이건 불가능한 얘기다. 모두가 정규직이 되면 그냥 나라가 망할 수밖에 없다. 산업과 기술은 계속 변하는데 일자리를 정규직으로 보호하면 기업은 더 이상의 혁신도 발전도 기대할 수 없을 뿐 아니라 극심한 침체의 늪으로 빠져들게 된다.

최근 택시 업계와 기사들이 '차량 공유 서비스' 등을 반대하는데, 택시도 처음 등장한 이후로 인력거 등의 재래식 운송수단을 급속히 퇴출시킨 사실을 상기해 봐야 한다. 그때 인력거 사업과 인력거꾼을 보호한다고 택시 등장을 막았다면 오늘날과 같은 대중교통 수단의 진보가 가능했을까?

비정규직 문제 해결하려면 정규직을 늘리는 게 아니라 모두가 비정규직이 되는 게 맞다. 그래야 일하는 사람들의 노력과 실력에 따라서 노동이 정당하게 평가받을 수 있다. 그래야 586 귀족들이 아닌 청년들에게 기회가 생긴다. 지금 기득권의 중심인 586은 남의 자식들뿐 아니라 자기 자식들의 미래까지 잡아먹는 자들이다. 장님이 제 닭 잡아먹는 식이란 말이다.

문재인 시대 대한민국은 세 가지 특징이 있다. 전 국토의 난장판화, 전 국민의 투사화, 전 직장의 공무원화가 그것이다. 나라가 본격적으로 망하는 조짐이다. 지금 이 나라는 A4 용지가 없으면 자기 할 말도 못 하는 저능아가 지배한다는 사실로 절체절명의 위기다.

문재인을 끌어내리지 않으면 대한민국이 죽고 청년들이 죽는다. 문재인이 죽느냐, 대한민국이 죽느냐 둘 중 하나의 선택의 기로에 우리가 서 있는 것이다. 누구랄 것 없이 뜻있는 사람이라면 누구나 나서서 주위 사람들을 설득해서 문재인을 반대하게 만들어야 한다. 내년 총선에서 문재인 패거리들에게 개헌선을 허용하면 남북연합 개헌으로 대한민국이 사라지는 위기가 닥치게 된다는 사실을 명심해야 한다.

부록

박근혜 탄핵 국회 소추 가결 일지
황교안 대통령권한대행 대국민 담화문

박근혜 탄핵 국회 소추 가결 일지

2016년 12월 9일 박근혜 전 대통령이 국회에 탄핵 소추되었다. 탄핵 소추안은 찬성 234, 반대 56, 기권 2, 무효 7표로 가결되었다. 건국 이래 대한민국 최초이자 세계에서도 찾아보기 힘들 정도로 최고 권력자가 법에 따라 파면당한 사례가 만들어졌다.

박근혜 전 대통령의 탄핵소추안을 작성한 국회 소추위원단은 '박근혜 대통령은 직무 집행과 관련해 헌법과 법률을 위반해 국민이 대통령에게 부여해 준 신임을 근본적으로 저버렸다"고 밝혔다.

박근혜 전 대통령 탄핵은 '네이처리퍼블릭' 정운호 대표의 도박 혐의 – 롯데 사건 – 우병우 게이트 – 정유라 입학 특혜 – 최순실 게이트 사건으로 이어지며 이루어졌다.

그렇다면 '헌정수호 능력 의지 상실' 로 이루어진 박근혜 전 대통령의 탄핵이 꼭 이루어져야 만하는 것이었을까? 박근혜 전 대통령은 그 위기를 벗어날 수 있는 몇 번의 기회가 있었다.

첫째, 1차 담화가 끝나고 바로 즉각적인 당정 개편을 했다면 국민의 분노는 그렇게 오래 가지 않았을 것이다.

당시에는 야권에서는 박 대통령 퇴진 요구가 없었다. 거국중립내각이니, 책임총리니 2선 후퇴니 하는 이야기만 나왔다. 새누리당을 바로 비대위 체제로 전환하고 비박에게 당권을 넘기고 총리를 김종인 의원이나 문창극 총리후보 같은 사람으로 임명했으면 야권도 거부 못 했을 것이다.

박 전 대통령이 친노 핵심 김병준 전 청와대 정책실장을 국무총리에 내정하고, 이정현 당 대표가 대표직 사퇴를 거부하는 모습은 국민들에게는 탐욕으로 비쳐졌다.

둘째, 박 전 대통령이 검찰 조사나 특검의 조사에 성실히 응하고 헌법재판소에 출석해 헌정을 수호하겠다는 의지를 강력하게 밝혔다면 탄핵은 불가능했다. 결국 역사의 불행을 만든 것은 박근혜 전 대통령이 자초한 자업자득이었다. 세상 살면서 경험하는 성공과 실패는 타이밍에서 비롯된다. 타이밍은 논리로 설명할 수 없는 결과론적 산물이다. 특히 여론을 중시해야 하는 정치인들에게 타이밍을 잘 잡느냐 못 잡느냐 하는 것은 아주 중요한 능력의 하나이다.

정치인들에게 성공적인 타이밍 포착 여부는 감感뿐 아니라 본인의 추구하는 가치, 철학, 인성에서 나온다 할 수 있다. 박근혜 전 대통령은 타이밍을 판단할 능력도, 실행할 능력도 없었던 아집과 오만으로만 가득 찬 무능한 지도자였다.

6개월 후에 이어진 19대 대선에서 박근혜 전 대통령 탄핵의 열매는 '이게 나라냐' 하면서 탄핵을 주도한 국민의당이 아니라 탄핵에 머뭇거리던 더불어민주당이 가져갔다. 안철수 국민의당 대표는 12월 8일 당 최고위원회의에서 "국민의당이 가장 먼저 탄핵을 주장했고, 통과를 위해 최선을 다했다. 머뭇거리던 더불어민주당은 뒤늦게 탄핵열차에 탑승했다"고 소회를 밝혔다.

국정농단의 시발점

2014년 11월 28일; 세계일보, 정윤회와 이재만, 정호성, 안봉근의 문고리 3인방 등 비선 실세가 국정에 개입한다는 국정농단 사건을 폭로했다. 청와대 내부 감찰부서의 의혹 문건이 유출된 것이다. 그로 인해 공직기강 담당 인사와 기자 등은 고발을 당했지만, 비선 의혹에 대해서는 사법처리나 규명 없이 수사가 끝나 버렸다. 하지만 조한규 세계일보 사장은 2015년 2월 임시 주주총회에서 해임됐다. 당시 박근혜 대통령은 "찌라시에나 나오는 그런 얘기들에 나라 전체가 흔들린다는 것은 정말 부끄러운 일"이라며 일축하고, 이를 폭로한 문건에 대해 국기문란이라고 대응했다.

■ 2014년 12월 3일; 더불어민주당, 최순실의 딸 정유라의 승마 국가대표 선발 과정에서 부정 의혹 제기

■ 2015년 1월 7일; 박관천 경정, "우리나라 권력 서열 1위는 최순실, 2위는 정윤회, 박 대통령은 3위"라고 발언

최순실 게이트 잉태

■ 2014년 5월 3일; 최순실, 정윤회 이혼

두 사람의 이혼조정안에는 고등학생 승마 국가대표인 딸의 양육권을 최씨가 갖고, 재산 분할 및 위자료 청구는 하지 않는다는 내용이 포함됐다. 결혼 기간 중의 일을 다른 사람에게 말하지 않는 '비밀유지' 조항과 서로를 비난하지 말자는 내용도 포함된 것으로 알려졌다.

조한규 전 세계일보 사장은 2016년 12월 15일 오전 국회에서 열린 '최순실 국정농단 사건' 국정조사 특별위원회 4차 청문회에서 "취재원으로부터 비슷한 말을 들었다"면서 "1월에 정윤회 문건이 터지고 2월에 (박근혜 대통령이 최순실 씨에게) '이혼하는 게 좋겠다' 는 종용이 있었고 3월에 이혼했다는 취지였다"고 폭로했다.

과거 박근혜 대통령의 한나라당 대표 시절 정윤회와 함께 보좌관을 맡았던 것으로 알려진 구상찬 새누리당 전 의원은 2017년 1월 20일 방송된 MBN '아궁이–최순실의 아킬레스건' 편에 출연해서 최순실과 정윤회 그리고 박근혜 대통령의 관계에 대해 전했다. 구 전 의원은 '두 사람의 이혼에 박근혜 대통령이 관여했다' 는 설에 대해 "상당한 근거가 있다. 예전에 두 사람이 부부싸움 후 박근혜 대통령을 만나러 가면 박 대통령이 정윤회를 쳐다보지도 않았다고 하더라"고 말했다.

■ 2015년 10월 7일; 네이처리퍼블릭 정운호 대표, 100억 원대 원정 도박 혐의로 구속

■ 2015년 10월 22일; 검찰, 폭력 조직 '범서방파' 에 100억 원대 불법 도박 수익 추징 돌입. 마카오에서 정킷방을 공동 운영하며 기업인 등을 도박판으로 끌어들인 정황을 확보하고 수사 중이라 발표

북한 핵 위기를 빙자한 친 박세력의 탐욕 태동

■ 2016년 1월 7일; 북한 4차 핵실험

■ 2016년 2월 4일; 새누리당 공직자후보추천관리위원장 이한구 의원 임명

친박계 지원으로 공관위원장에 임명된 이한구 위원장은 "김무성 대표도 공천 못 받을 수?" 라고 말해 친박과 비박계간 갈등을 예고했다.

■ 2016년 2월 7일; 북한 동창리에서 장거리 미사일 발사

■ 2016년 2월 10일; 개성공단 폐쇄

■ 2016년 3월 9일; 윤상현 의원, 김무성 대표에 대한 막말 파동

■ 2016년 3월 24일; 김무성 대표, '진박 6인방' 에 대한 공천장 도장 찍기를 거부하며 지역구인 부산 영도로 내려감

■ 2016년 3월 25일; 새누리당, 유승민 지역구인 이재만(대구 동을)을 비롯, 유재길(서울 은평을), 유영하(서울 송파을) 후보자의 공천 배제. 정종섭(대구 동갑), 추경호(대구 달성), 이인선(대구 수성을) 예비 후보자에 대한 공천안 추인

■ 2016년 4월 13일; 새누리당, 20대 총선에서 대패

■ 2016년 5월 3일; 새누리당, 정진석 의원 원내대표 선출

■ 2016년 5월 15일; 새누리당, 김용태 의원 혁신위원장 선임

■ 2016년 5월 17일; 김용태 의원, 친박계의 거부로 혁신위원장 사퇴

최경환과 우병우의 갈등

■ 2016년 6월 2일; 홍만표, '정운호 게이트'에 연루돼 변호사법 위반 및 특정범죄가중처벌법상 조세포탈 혐의로 구속(아파트, 오피스텔 117채 소유 드러남. 정운호에게 청와대 민정수석 우병우를 잡아놨으니 염려 말라고 했던 사실 발견.)

■ 2016년 6월 30일; 이정현 의원과 김시곤 전 KBS 보도국장의 통화 내용 녹취록 공개

■ 2016년 7월 6일; 최경환 당대표 불출마 선언(총선 참패 책임론)

■ 2016년 7월 7일; 신영자 롯데장학재단 이사장 구속(정운호로부터 30억 원대의 뒷돈 챙긴 혐의)

■ 2016년 7월 7일; 이정현 당 대표 출마 선언

■ 2016년 7월 11일; 아시아투데이, 최경환 의원 50억 원 수수설 보도

■ 2016년 7월 11일; 최경환 "칠곡 사드 배치 사실 아니다. 국방부에 항의 전화"

■ 2016년 7월 13일; TK 지역 의원 20여명 사드 경북 성주에 배치 반발 기자회견

■ 2016년 7월 17일; 진경준 검사장, 넥슨으로부터 공짜 주식 받은 혐의로 구속

■ 2016년 7월 18일; 최경환 녹취록 공개

■ 2016년 7월 18일; 조선일보, 우병우 처가 강남부동산 넥슨과 거래 의혹 폭로

■ 2016년 7월 19일; 서청원 의원 당대표 불출마 선언

■ 2016년 7월 22일; 이정현, 우병우 청와대 민정수석 비위 의혹에 대해 "현재 의혹을 본인이 해명하고 있고 여러 경로로 의혹 규명이 이뤄지고 있으니 검증과 자정 능력을 믿고 지켜봐야 한다"고 말함

'최순실 게이트' 개봉박두

■ 2017년 7월 27일; TV조선, 미르재단 의혹 폭로

■ 2016년 7월 28일; 이화여대 학생들. 미래라이프 단과대학 설립에 반대하며 최경희 총장 사퇴를 요구하며 본관 점거하고 집회를 주도. 후에 '미래'라는 말이 '미르'라는 말과 의미가 유사하다고 구설수에 오름.

■ 2016년 7월 31일; 이정연 당대표 후보, 새누리당 영남권(창원) 합동연설회 대구경북 참석자들로부터 환호 받아

■ 2016년 8월 1일; 대구경북 이정현으로 지지 시작

■ 2016년 8월 2일; 이정현, 우병우 청와대 민정수석에 대해 "정부와 여당에 큰 부담이 된다"며 사실상 자진 사퇴 요구

여기서 드는 의문은 오랫동안 박 대통령의 최측근으로 활동하며 정권 출범 후에는 홍보수석과 정무수석을 역임하며 실세 노릇을 해왔던 사람이 왜 박근혜 대통령이 총애하는 우병우 수석의 사퇴를 요구했을까 하는 점이다. 그는 친박 세력의 좌장인 최경환 의원의 의중을 대변하는 것은 아닌지 의심이 간다. 당시 최경환 의원은 롯데로부터 50억 원 수수설로 곤혹을 치루고 있다.

이에 최경환 의원은 성주로 사드배치가 확정되자 대구경북 의원들과 함께 앞장서 반대하며 청와대를 난처하게 만들었다. 그를 따르는 사람들은 롯데그룹 수사의 배후로 우병우 민정수석을 지목 우병우를 사퇴시키기 위해 혈안이 되었다.

그렇다면 이정현 후보가 최경환 의원의 도움을 받기에 우병우 민정수석의 사퇴를 앞장서 요구하는 것은 뻔하다. 당대표가 되기 위해 최경환 세력(TK)으로부터 도움을 받고자 앵무새 역할을 한 것이라 본다.

■ 2016년 8월 9일; 이정현, 새누리당 대표 선출

■ 2016년 8월 1일; 청와대 관계자 우병우 사태 논란에 대해 '조선일보를 필두로 한 언론' 이 '부패 기득권 세력' 이라고 정의. 즉, 우병우 사퇴를 촉구하는 비박 정치인 그룹, 이명박정부 인사, 이와 연관된 재벌

■ 2016년 8월 29일; 김진태 새누리당 의원 대우조선해양으로부터 조선일보 송희영 주필이 호화 향응을 제공받았다고 공개

■ 2016년 8월 31일; 송희영 조선일보 주필 사퇴

이정현 새누리당 대표의 물타기

■ 2016년 9월 20일; 한겨레신문, K스포츠재단에 최태민 목사의 다섯째 딸 최순실 씨가 개입했다는 보도를 내놓으면서 다시 쟁점으로 급부상

■ 2016년 9월 26일; 이정현 새누리당 대표 '정세균 의장 사퇴' 명목으로 단식

■ 2016년 9월 27일; 더불어민주당, 국정감사에서 청와대가 관련된 외압적 모금을 통해 기업들로부터 엄청난 돈이 미르재단과 K스포츠로 흘러 들어갔다고 의혹 제기

■ 2016년 9월 26일; 백남기 농민 부검 영장 및 재청구

■ 2016년 9월 28일; 더불어민주당, 국정감사에서 정유라의 이화여자대학교 체육과학부 입학 자체가 특혜라는 의혹 제기

■ 2016년 9월 30일; 국방부, 사드배치 성주 롯데골프장으로 확정 발표

■ 2016년 9월 30일; 검찰, 우병우 민정수석 처가-넥슨 땅 거래 무혐의 발표

■ 2016년 9월 30일; 세월호 특별조사위원회 활동 종료

■ 2016년 10월 2일; 이정현 새누리당 대표 단식 종료(임무 완료)

이정현 단식은 김재수 농림축산식품부장관 해임 건의안을 정세균 의장의 독단 처리에 항의한 것이 아니라 언론에서 최순실을 지우기 위한 물 타기로 나중에 판명

박근혜 전 대통령, 국민의 신뢰를 잃어 헌정수호 능력 상실

헌정사상 가장 큰 정치 스캔들 '최순실 게이트' 개봉

■ 2016년 10월 19일; 경향신문, 최순실이 독일에 있으며 유령 회사 비덱을 운영하고 있다고 보도

■ 2016년 10월 24일; 박근혜 대통령, 2017년도 예산안 국회 시정연설에서 임기 내 개헌 제의

■ 2016년 10월 24일; jtbc, 최순실의 대통령 연설문 수정사실이 담긴 태블릿PC 입수 폭로

jtbc가 최순실 태블릿 PC 입수 사실을 밝히며 드레스덴 선언문을 포함한 대통령의 '말씀자료'와 대북 접촉 상황 등 중대한 국가 기밀이 최순실에게 사전 유출되었음을 폭로한 것이다.

최순실이 박근혜 대통령의 연설문을 수정, 대외 주요 극비사항도 개인 컴퓨터로 주고받은 파일이 수십 개 발견됐다. 창조경제, 문화융성 사업, 한일 외교 등 중대 사업에 깊숙이 개입했으며, 최순실 일가의 입학특혜 등 특혜 정황이 여러 개 드러났다.

이 태블릿 PC 안에는 박근혜 대통령이 새누리당 대선후보 경선 시절부터 대선후보 시절 연설문, 그리고 대통령 연설문까지 총 44개의 연설문이 들어 있었다. 앞선 의혹들이 사실로 드러난 것이다.

이 연설문들은 길게는 4일, 짧게는 몇 시간 전 미리 최순실이 받아 보았고, 최순실이 이를 수정한 사실까지 확인되었다. 이 연설문들 중에서는 극비라고 취급받은 드레스덴 연설문까지 포함되어 있어 충격을 주었다. 또한 태블릿 PC 안에는 200여 개의 파일이 더 있으며, 해당 내용을 확인하고 정리한 뒤 보도하겠다고 밝혔다.

사건을 바라보는 일반인들의 관점도 측근에 의한 단순한 권력형 비리에서 적극적 국정농단 사태로 바뀌게 되었다. 또한 블랙홀이 될 뻔한 헌법 개정조차 그대로 묻어 버리는 어마어마한 파급 효과를 가져왔다.

박근혜 전 대통령의 꼼수, 국민의 신뢰를 잃다

■ 2016년 10월 25일; 박근혜 대통령, 1차 대국민담화

최순실 씨는 과거 제가 어려움을 겪을 때 도와준 인연으로 지난 대선 때 주로 연설이나 홍보 등의 분야에서 저의 선거운동이 국민들에게 어떻게 전달됐는지에 대해 개인적인 의견이나 소감을 전달해 주는 역할을 했습니다. 일부 연설문이나 홍보물도 같은 맥락에서 표현 등에서 도움 받은 적 있습니다. 취임 후에도 일정 기간 동안은 일부 자료들에 대해 의견을 들은 적은 있으나 청와대 보좌 체계가 완비된 이후에는 그만뒀습니다.

■ 2016년 10월 27일; 노승일, 검찰 입회하에 독일에 있던 최순실과 통화 녹음

■ 2016년 10월 29일; 1차 촛불집회(약 3만 명)

■ 2016년 10월 30일; 최순실 인천공항 통해 귀국

■ 2016년 11월 2일; 박근혜 대통령, 노무현정부에서 청와대 정책실장을 지낸 김병준 국민대 행정학과 교수를 총리후보자로, 국민안전처 장관에 박승주 내정

보수층과 야권 모두로부터 비판을 받아 국민들의 불신을 더 키웠다. 특히, 박근혜 전 대통령은 이날 국민안전처장관에 '서울 도심 굿판' 논란의 주역 박승주를 내정한 것은 기독교계의 엄청난 반발을 불러 왔다.

표창원 더불어민주당 의원은 박승주 국민안전처장관 후보자가 참석한 무속 행사인 '구국천제기도회' 를 지목했는데, 이 명칭은 과거 최태민 씨가 즐겨 사용했던 명칭"이라며 박 후보자가 참석한 무속 행사와 최순실 부친의 관련성을 주장했다.

표 의원은 '구국천제기도회'에 대해 "최태민 씨가 창제했던 영세교라는 교단의 교리가 하느님 · 부처님 모든 신들을 믿는 건데, 똑같은 내용이 이번에도 나왔다"고 지적했다. 이어 "김병준 총리 내정자가 박 후보자를 정말 본인이 천거한 것이라면 김 내정자도 최태민 씨와 연관성이 있고 이런 무속신앙을 지지하는 건지, 그렇지 않다면 본인은 전혀 이 내용을 모르는데 최순실 씨 등과 연관된 박승주를 쓰라고 하니까 꼭두각시처럼 참여한 것인지 둘 중 하나의 답을 해야 한다"고 강조했다.

■ 2016년 11월 3일; 최순실 구속

■ 2016년 11월 4일; 박근혜 대통령, 2차 대국민담화

그 내용은 "제기된 의혹과 관련해 진상 규명에 최대한 협조하겠다고 하고 검찰 조사나 특별검사에 의한 수사도 수용하겠다"고 발표했다.

그러나 이후 박 전 대통령은 검찰이나 특별검사의 조사에 응하지 않았고 청와대에 대한 압수수색도 거부해 박 대통령에 대한 조사는 이뤄지지 않았다. 결국 헌법재판소는 '헌정수호 의지능력 상실'의 결정적인 사례로 판단했다.

■ 2016년 11월 5일; 2차 촛불집회(약 30만 명)

■ 2016년 11월 8일; 박근혜 대통령, 국회 추천 총리 내각

■ 2016년 11월 11일; 차은택, 최순실과 같이 국정을 농단했다는 혐의로 구속.(폭력행위 등 처벌에 관한 법률상 공동강요 및 특정경제범죄 가중처벌법상 횡령, 직권남용 권리행사방해, 특정범죄 가중처벌법상 알선수재 혐의)

■ 2016년 11월 12일; 3차 촛불집회(약 100만 명)

박근혜 대통령의 무능, 국민의 대변자 국회가 심판

■ 2016년 11월 15일; 새누리당 비박계 32명 비상시국회의 결성, 32명이 탄핵 찬성 의사 밝혀

■ 2016년 11월 21일; 국민의당 박근혜 대통령 탄핵 당론 채택

■ 2016년 11월 23일; 더불어민주당 박근혜 대통령 탄핵 당론 채택

■ 2016년 11월 24일; 야-비박 '탄핵 정족수 200명 확보' 4당 공동발의 추진

■ 2016년 11월 28일; 친박 핵심 중진들, 박 대통령에 '명예퇴진' 건의

새누리당 주류의 좌장 격인 서청원 의원을 비롯해 정갑윤, 최경환, 유기준, 홍문종, 윤상현 의원 등 친박계 핵심 중진 의원들은 28일 박근혜 대통령의 명예퇴진을 정국 수습 카드로 제시했다. 이들은 대통령이 국회의 탄핵 절차로 인해 불명예스럽게 퇴진하기보다는 스스로 물러나는 것이 옳다며 사실상 '자진 하야'를 고언했다.(브릿지 경제)

친 박근혜계의 핵심 중진 의원들이 박 대통령에게 '명예 퇴진'을 직접 건의하기로 의견을 모은 것으로 알려졌다.

연합뉴스TV는 친박 핵심의 말을 인용 '친박 중진 의원들이 비공개 오찬 회동을 하고 박 대통령에 대해 임기를 채우는 걸 고집하기보다는 국가와 본인을 위해 명예로운 퇴진을 건의하자는 데 의견을 모은 것으로 안다'고 보도했다. 회동에는 친박계 맏형 서청원 의원을 비롯, 좌장 격인 최경환 의원과 정갑윤 유기준 윤상현 의원 등이 참석했다고 전했다.

서 의원은 이 자리에서 "더 이상 물러설 곳이 없는 것 아니냐"는 취지로 말했고, 또 다른 참석자는 "탄핵 정국이 계속되면 박 대통령도 식물 대통령이 될 수밖에 없는 만큼, 탄핵보다는 질서 있는 퇴진이 적절하다"는 취지로 언급했으며 이에 대부분 공감한 것으로 알려졌다.(11/28 연합뉴스TV)

■ 2016년 11월 29일; 박근혜 대통령, 3차 대국민담화

박 대통령은 "지금 벌어진 여러 문제들 역시 저로서는 국가를 위한 공적인 사업이라고 믿고 추진했던 일들이었고, 그 과정에서 어떠한 개인적 이익도 취하지 않았다. 저는 제 대통령직 임기 단축을 포함한 진퇴 문제를 국회의 결정에 맡기겠다. 여야 정치권이 논의하여 국정의 혼란과 공백을 최소화하고 안정되게 정권을 이양할 수 있는 방안을 만들어 주시면 그 일정과 법 절차에 따라 대통령직에서 물러나겠다"고 말했다.

■ 2016년 11월 29일; 친박 중심의 초선 의원들 친박 중진 이어 '박근혜 자진 사퇴' 촉구

새누리당 초선 모임은 29일 오전 국회에서 회동을 하고 '탄핵보다 퇴진이 바라고 바람직하다'는 쪽에 의견을 모았다. 초선 의원들은 친박계가 절대 다수를 차지하고 있다. 이 회동에는 진실한 친박, 이른바 진박을 자임해 온 강석진, 곽상도, 윤상직, 정종섭, 추경호, 최교일 의원 등과 비박(비박근혜)계인 정운천, 윤한홍 의원 등 25명이 참석했다.(11/29 프레시안)

■ 2016년 12월 3일; 더불어민주당, 국민의당, 정의당 등 야 3당, 박근혜 대통령에 대한 탄핵소추안 단일안을 확정, 공동 발의

■ 2016년 12월 3일; 6차 촛불집회(약 232만 명)

■ 2016년 12월09일; 국회, 박근혜 대통령 탄핵소추안 가결

총 투표수 299표 중 가 234표, 부 56표, 기권 2표, 무효 7표로 탄핵소추안은 가결됐다. 새누리당도 약 60여 명의 의원이 탄핵소추에 참석

황교안 대통령권한대행 대국민담화 전문

존경하는 국민 여러분, 오늘 대통령에 대한 탄핵인용 결정이 있었습니다.

우리 헌정 사상 처음으로 탄핵심판에 의해 대통령이 궐위되는 상황에 직면하였습니다. 참으로 안타깝고, 참담한 심정입니다. 이러한 사태가 초래된 데 대해 무거운 책임감을 느끼며, 국민 여러분께 진심으로 송구스럽다는 말씀을 드립니다. 정부는 그 어느 때보다 비상한 각오로 국정에 임하겠습니다.

국민 여러분,

지난 몇 달간 우리 사회는 심각한 갈등과 대립 속에 처해 있었습니다. 주말마다 도심 한가운데에서는 국민들이 둘로 나뉘어 대규모 찬반 집회가 벌어졌습니다. 국민들 사이에 반목과 질시의 골은 시간이 갈수록 깊어지고 심지어 서로를 적대시 하는 현상까지 나타나고 있습니다.

너무도 안타까운 일이 아닐 수 없습니다. 오늘 헌법재판소의 결정은 헌법과 법률에 따라서 내려진 것입니다. 대한민국은 법치주의를 근간으로 하는 자유민주국가입니다.

우리 모두가 헌법재판소의 결정을 존중해야 하겠습니다. 지금도 도저히 납득할 수 없고 승복하기 어렵다는 분들도 계실 것입니다. 그러나 이제는 수용하고, 지금까지의 갈등과 대립을 마무리해야 할 때입니다.

비록 생각과 방식은 다를지 모르지만, 촛불과 태극기를 든 마음은 모두가 나라를 걱정하는 애국심이었다고 저는 생각합니다. 더 이상 장외 집회를 통해 갈등과 대립을 확대하는 이런 일은 바람직하지 않습니다.

오늘 시위 과정에서 소중한 생명을 잃는 참으로 안타까운 일이 발생했습니다.

앞으로 더이상 이런 희생이 있어서는 안 되겠습니다. 또한 사회질서를 위협하는 돌발행동도 결코 있어서는 안 될 것입니다. 이제는 서로의 마음을 헤아려 주고 상처를 달래며, 차가워진 손을 맞잡아야 할 때입니다.

존경하는 국민 여러분, 지금은 엄중한 국가적 위기 상황입니다.

북한의 핵과 미사일 위협, 급변하는 국제 정세, 국내외 경제의 불확실성 그리고 민생 불안 등으로 우리는 복합적 어려움을 겪고 있습니다. 더욱이 이제 60일이라고 하는 짧은 기간 안에 새로운 대통령을 선출해야 합니다.

위기는 하루빨리 극복하고 국정은 조속히 안정되어야 합니다. 혼란을 넘어서 화합이 바탕이 되지 않으면 국정 안정과 공정한 대선 관리는 이

룰 수 없습니다. 정부는 비상상황 관리와 대처에 혼신을 다하겠습니다. 굳건한 안보를 바탕으로 대외 관계의 불안정성이 커지지 않도록 관리해 나가겠습니다.

또한 경제와 금융의 리스크 요인에 신속히 대응해 나가겠습니다.

어려운 상황일수록 더 곤란을 겪는 취약 계층을 살피는 등 민생경제를 적극적으로 챙기겠습니다.
이와 관련하여 정치권의 적극적인 협조를 요청 드립니다.

이제는 광장이 아니라 국회에서 문제를 풀어야 합니다. 국회가 소통을 통해서 합의를 이끌어 내야합니다. 국민들의 갈등과 상처를 치유하는 데 큰 역할을 하셔야 합니다. 국민 통합에 앞장서는 본연의 역할을 통해 대한민국의 희망을 찾을 수 있도록 정부와 함께 협력해 주시기를 바랍니다.

존경하는 국민 여러분!

저는 지난 3개월 동안 국정의 공백을 최소화 하고 안정적으로 국정을 운영하기 위해 많은 현장을 찾아 여러분들로부터 의견을 들었습니다. 전 내각과 함께 혼신의 노력으로 국정을 챙기기 위해서 힘써 왔습니다. 국민 여러분의 협조가 없었다면 가능하지 않은 일이었습니다. 안정적 국정 운영을 적극 도와주신 국민 여러분께 깊은 감사의 말씀을 드립니다.

우리에게는 많은 시련을 딛고 오늘의 대한민국을 일궈 낸 저력이 있습니다. 저는 우리 국민의 단합된 힘으로 지금의 위기도 반드시 조속히 극복해 낼 것이라고 믿고 있습니다. 대한민국이 결코 멈추지 않고 다 함께 희망을 안고 나아갈 수 있도록 국민 여러분께서 지혜와 힘을 모아주시기를 바랍니다.

온 국민의 단합이 필요합니다. 국민 여러분의 협조를 거듭 간곡히 호소 드립니다.

감사합니다.

2017년 03월 10일